NOUVEAU PiXEL

Méthode de français

Livre de l'élève

Sylvie **Schmitt**

CLE INTERNATIONAL
www.cle-inter.com

Contenus

	Grammaire	Conjugaison	Phonétique
UNITÉ 0 **Communiquons en français** pp. 4-8	• *C'est* + nom • *Il/Elle est* + adjectif • *Il y a / Il n'y a pas de* • Les adjectifs possessifs (un seul possesseur)	• *Être* • *Avoir* • *Aller* • *Faire*	
UNITÉ 1 **Passe-temps** pp. 10-11 : Leçon 1 : **Activités en tous genres…** pp. 12-13 : Leçon 2 : **Quand on veut, on peut ?** pp. 14-15 : Leçon 3 : **Un emploi du temps de ministre** pp. 16-17 : Civilisation pp. 18-19 : Bilan p. 20 : Projet	• Les articles contractés avec *de* et *à* • *Oui / Non / Si* • *Faire de la / de l' / du / des* • *Jouer à la / à l' / au / aux* • *Aller à la / à l' / au / aux* • *Vernir de la / de l' / du / des*	• L'impératif affirmatif et négatif • Les verbes pronominaux • *Faire / devoir / pouvoir / savoir / vouloir*	• Les sons [ə] [e] et [ɛ]
UNITÉ 2 **L'habit ne fait pas le moine !** pp. 22-23 : Leçon 1 : **Un look à soi !** pp. 24-25 : Leçon 2 : **Trop, c'est trop !** pp. 26-27 : Leçon 3 : **Un pour tous, tous pour un !** pp. 28-29 : Civilisation pp. 30-31 : Bilan p. 32 : Projet	• Les adjectifs démonstratifs • Les adjectifs possessifs (tous les possesseurs) • Le masculin et le féminin des adjectifs • La quantité : *trop / pas assez / très* + adjectif • Les adjectifs interrogatifs : *quel / quelle / quels / quelles*	• *S'habiller, mettre, porter*	• Les sons [ɔ̃] [ɑ̃] et [ɛ̃]
UNITÉ 3 **Interdit aux parents** pp. 34-35 : Leçon 1 : **Ma chambre dans ma maison** pp. 36-37 : Leçon 2 : **Mon espace perso** pp. 38-39 : Leçon 3 : **Ordre et désordre** pp. 40-41 : Civilisation pp. 42-43 : Bilan p. 44 : Projet	• Les trois formes de l'interrogation • La négation : *ne … jamais ; ne … rien*	• Le passé composé avec l'auxiliaire *avoir* + participe passé des verbes en *-ER* et quelques participes irréguliers	• L'intonation
UNITÉ 4 **Les gourmets** pp. 46-47 : Leçon 1 : **La liste des courses** pp. 48-49 : Leçon 2 : **Pour être en forme !** pp. 50-51 : Leçon 3 : **On cuisine ou on va au resto ?** pp. 52-53 : Civilisation pp. 54-55 : Bilan p. 56 : Projet	• L'article partitif • La négation : *pas de…* • La quantité : unités de mesure *Toujours, jamais, chaque, une fois par jour / semaine / mois*	• Les verbes en *-ger* : *manger* • *Boire* • *Il faut* + infinitif	• Les sons [y] [u] et [wa]
UNITÉ 5 **Quand on aime, on ne compte pas** pp. 58-59 : Leçon 1 : **Ça coûte les yeux de la tête** pp. 60-61 : Leçon 2 : **Monsieur, s'il vous plaît…** pp. 62-63 : Leçon 3 : **Qu'est-ce que tu fais ?** pp. 64-65 : Civilisation pp. 66-67 : Bilan p. 68 : Projet	• Le comparatif de l'adjectif : *moins / aussi / plus…. que*	• Le passé composé avec *être*	• Les sons [f] et [v]
UNITÉ 6 **Enquête sur la police scientifique** pp. 70-71 : Leçon 1 : **L'enquête** pp. 72-73 : Leçon 2 : **Un métier pas comme les autres !** pp. 74-75 : Leçon 3 : **Sur les traces…** pp. 76-77 : Civilisation pp. 78-79 : Bilan p. 80 : Projet	• La négation *ne … plus* • La quantité	• Le passé composé à la forme négative	• Les sons occlusifs : [t], [d], [b], et [g]

Thème-lexique	Objectifs de communication	Civilisation
• Les vêtements, les couleurs et les formes • Les matières scolaires • Les nombres de 1 à 100 • Le corps humain • La famille	• Se présenter et présenter quelqu'un • Décrire une personne • Parler de ses loisirs • Donner son emploi du temps • Poser des questions • Situer dans l'espace • Parler du climat	
• L'heure • Les activités, les loisirs, les sports • La volonté, l'obligation, la possibilité, la connaissance	• Parler de ses activités quotidiennes • Exprimer une autorisation • Proposer une activité ou inviter quelqu'un • Accepter / refuser une invitation • Répondre à une question négative • Donner son opinion • Donner son emploi du temps	• Les loisirs des ados en France
• Les vêtements et les styles vestimentaires • Les couleurs et les motifs • La quantité	• Décrire une tenue vestimentaire • Donner une appréciation • Poser des questions • Exprimer la possession • Acheter un vêtement • Exprimer son choix • Donner des conseils	• Les adolescents français et les « fringues »
• La maison • Le mobilier • Les objets décoratifs • Les matières • Les tâches ménagères	• Décrire sa chambre : meubles, décoration • Localiser les objets • Raconter une journée au passé • Parler de ses tâches ménagères	• Les adolescents et leur chambre
• La nourriture, les repas • Les commerces • Les goûts et les saveurs • Les restaurants • Les quantités	• Faire les courses • Exprimer la quantité (contenants : *une boîte de…* *un paquet de…*) • Exprimer la nécessité • Exprimer ses goûts et ses préférences • Parler de la nourriture • Exprimer la fréquence	• Savoir-vivre en Francophonie
• Les cadeaux • Le fonctionnement des objets • Les mots de politesse • Les nombres de 100 à 1 000 000 • L'argent	• Comparer et commenter les prix • Demander des renseignements • Expliquer la fonction d'un objet • Raconter des faits passés	• L'argent de poche et la débrouille
• Les faits divers • Les marqueurs chronologiques • La police	• Expliquer une procédure • Donner des indications • Raconter un fait divers	• Travailler dans la police scientifique en France

Unité 0 — Communiquons en français

Se présenter

 1 Complète les bulles.

Présenter quelqu'un

2 Présente-toi et présente un(e) camarade.

3 Présente ces artistes célèbres.

(...) Océane.

Bonjour, comment (...) ?

Tu as (...) ?

J'ai 13 ans !

**Agatha Ruiz
de la Prada
Madrid**

**Cécile de France
Bruxelles**

**Justin Bieber
New York**

C'est + **nom**
C'est Justin Bieber.

Il est + **adjectif**
Il est musicien.

C'est + **article** + **nom**
C'est un garçon.
Il est brun.

Décrire des personnes

 4 Écoute et trouve Louise, Lucie et Jules.

5 Décris ces personnes (taille, cheveux, yeux, vêtements…).

Donner son emploi du temps

 6 Relie les matières aux logos.

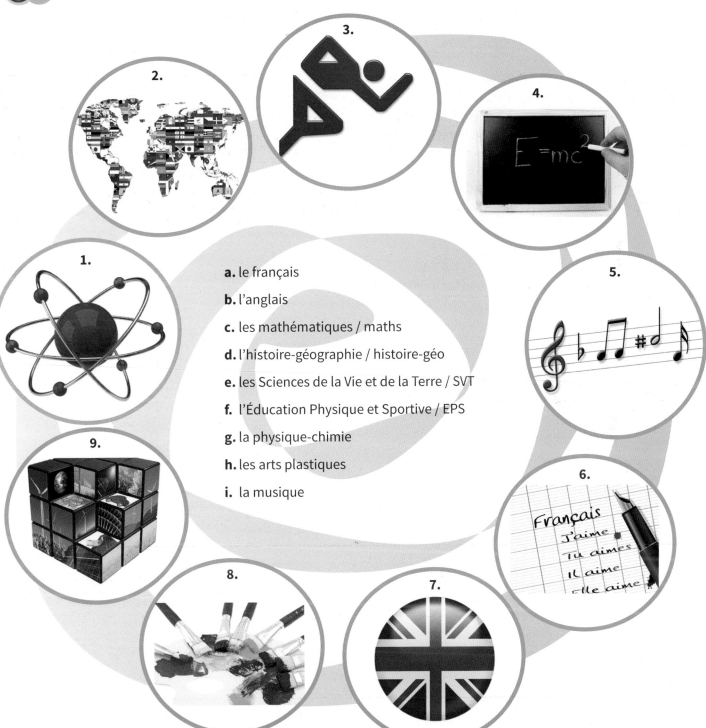

a. le français

b. l'anglais

c. les mathématiques / maths

d. l'histoire-géographie / histoire-géo

e. les Sciences de la Vie et de la Terre / SVT

f. l'Éducation Physique et Sportive / EPS

g. la physique-chimie

h. les arts plastiques

i. la musique

 7 Tu as combien d'heures de français, maths, etc. ?

Compter

 8 Écoute et compte jusqu'à 100.

 9 Écoute et écris les numéros de téléphone.

Parler de ses loisirs

 10 Qu'est-ce qu'ils font ?

Jouer **à**
Faire **de**

a.

b.

c.

Parler du corps

 11 Écoute cette leçon de gymnastique et mets les images en ordre.

c.

a.

b.

d.

12 Il a mal où ?

Localiser

13 Qu'est-ce qu'il y a dans la première rue ? Qu'est-ce qu'il n'y a pas dans la deuxième rue ?

avoir mal au / à la / aux...

J'ai mal   **au** ventre.
            aux yeux.
            à la jambe.

Il y a **une** boulangerie.
Il n'y a **pas de** boulangerie.

a.

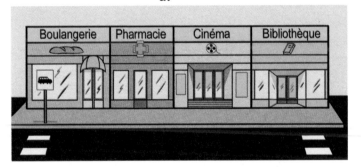

b.

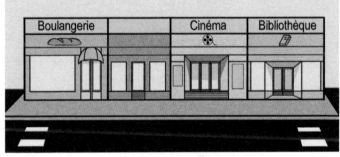

14 Où sont les affaires d'école de Louis ?

15 Écoute les indications et trouve où est la bibliothèque.

Présenter sa famille

 16 Écoute et trouve la sœur, le père et la mère de Véronica.

 17 Présente ta famille.

Les adjectifs possessifs

masculin singulier :
mon* / ton / son
féminin singulier :
ma / ta / sa
masculin et féminin pluriel :
mes / tes / ses

* mon : **mon a**mi**e** / **mon é**cole

Parler du climat

 18 Écoute et relie les cartes aux prévisions météo.

Poser des questions

 19 Écoute et trouve les questions.

a.
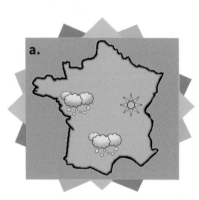

b.
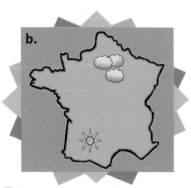

Qui... ?

Où... ?

Combien... ?

Comment... ?

Pourquoi... ?

Est-ce que... ?

Qu'est-ce que... ?

Passe-temps

Qu'est-ce que tu vois sur les photos ?

 **Faites une enquête dans la classe sur le temps libre et comparez vos résultats avec le temps libre des jeunes Français.**

Leçon 1

- Tu parles de tes activités de loisirs.
- Tu proposes des activités.

Leçon 2

- Tu exprimes l'interdiction / l'autorisation / la volonté / l'obligation
- Tu réponds à une question négative.

Leçon 3

- Tu parles de ton emploi du temps.
- Tu fais des propositions.

Activités en tous genres...

Propositions...

 1 **Lis les annonces du tableau d'affichage et réponds aux questions.**

A. Tu aimes les BD et dessiner ?
Apprends à réaliser une BD.

B. Tu joues d'un instrument ?
L'Association *Musique en fête* t'invite. Ambiance et bonne musique assurées !!!

D. Tu aimes les chevaux et la nature ?
Viens faire de la randonnée à cheval, rigolade et aventure au programme !

E. Atelier théâtre
Fais du théâtre !
Rejoins la troupe !
Complicité et créativité garanties !

C. Atelier d'artisanat
Fabrique des bijoux assortis à tes vêtements ! Apprends les techniques !

G. Atelier cinéma d'animation
Réalise ton premier film d'animation !

H. Karting
Passionné(e) de sports automobiles ?
Apprends à piloter un kart.

F. Tu collectionnes les Warhammer ?
N'attends pas ! Viens échanger avec d'autres joueurs !

a. Quelles propositions t'intéressent ? Pourquoi ?

L'atelier d'artisanat	m'intéresse, parce que	+ ↑ j'adore j'aime beaucoup j'aime assez j'aime bien ↓ -	les bijoux et les travaux manuels.

b. Quelles propositions ne t'intéressent pas ? Pourquoi ?

Le karting	**ne** m'intéresse **pas**, parce que	+ ↑ je déteste je n'aime pas du tout je n'aime pas beaucoup −	les sports automobiles.

Partage tes activités

 2 Écoute. Ils font quelle(s) activité(s) ?

la natation · les échecs · la danse

le taekwondo · la peinture · le rugby

Des mots pour...

Parler de ses activités

FAIRE	
Je fais Tu fais Il/Elle/On fait Nous faisons Vous faites Ils/Elles font	**du** judo. **de la** natation. **de l'**escrime. **des** travaux manuels.

JOUER	
Je joue Tu joues Il/Elle/On joue Nous jouons Vous jouez Ils/Elles jouent	**au** football. **à la** playstation. **à l'**élastique. **aux** échecs.

 3 Et toi, tu fais quoi ? Tu joues à quoi ?

 Comment ça marche ?

4 Observe les verbes dans les annonces de l'activité 1 et réponds aux questions.

a. Ils sont à quel temps ?

b. Trouve l'impératif des verbes : *apprendre*, *faire*, *fabriquer*, *rejoindre*, *attendre* et *venir*.

c. Quel verbe à l'impératif est à la forme négative ?

L'impératif (rappel)		L'impératif négatif
Présent	**Impératif**	ne/n' + verbe à l'impératif + pas
Tu parles	Parle !	
Tu viens	Viens !	N'attends pas !
Tu vas	Va !	
Nous allons	Allons !	
Vous allez	Allez	

 5 Dans ton cahier, mets les verbes de l'activité 4. b. à l'impératif (3 personnes) puis à l'impératif négatif.

↩ p. 87

 6 Écris une annonce pour le panneau d'affichage.

 Pour proposer ou inviter :
Viens / Venez + infinitif

Leçon 2 — Quand on veut, on peut ?

Tutu ou rollers ?

 1 Écoute et lis le dialogue, puis réponds aux questions.

a. Pourquoi Lucie s'énerve ?   **b.** Quelle est la punition de Charles ?   **c.** Cette punition est juste ? Pourquoi ?

Lucie : Ahhh ! Non mais ça ne va pas la tête ?

Charles : Si ça va ! Mais je **dois** m'entraîner. Je **veux** devenir le champion de roller du quartier.

Lucie : Tu **sais**, maman ne **veut** pas voir tes patins dans la maison. Tu ne **peux** pas patiner ici ! Et puis c'est énervant… Alors, s'il te plaît, ARRÊTE !

Charles : On **peut** savoir pourquoi on **doit** supporter ta passion pour la danse ?

Lucie : Je **peux** danser dans ma chambre. Maman est d'accord.

Charles : Et tes posters ? Elle est d'accord aussi ?

Lucie : Oui, maman **veut** bien. Regarde mon nouveau poster de *High School Musical* !
[…]

Lucie : Non… Tu ne **peux** pas faire ça… Arrête !
[…]
Lucie : Papa, regarde mon nouveau poster…
Le père : Bon, quel est le problème ?

Lucie : C'est Charles ! Il dessine des rollers sur les chaussures de Zac Efron.
Le père : Hum… Eh bien, comme punition, Charles, tu **dois** racheter le même poster avec ton argent. Et les patins dans la maison, c'est IN-TER-DIT !

 2 Cherche dans le dialogue deux expressions pour exprimer l'interdiction.

 3 Quel verbe exprime une obligation ?

 4 Cherche ces verbes dans le dialogue et relie.

a. vouloir   **1.** une possibilité
b. devoir   **2.** une connaissance
c. savoir   **3.** une volonté
d. pouvoir   **4.** une obligation

Comment ça marche ?

Les verbes *vouloir, devoir, pouvoir, savoir*	
Vouloir	Devoir
Je **veux**	Je **dois**
Tu **veux**	Tu **dois**
Il/Elle/On **veut**	Il/Elle/On **doit**
Nous voulons	Nous devons
Vous voulez	Vous devez
Ils/Elles **veulent**	Ils/Elles **doivent**
Pouvoir	Savoir
Je **peux**	Je **sais**
Tu **peux**	Tu **sais**
Il/Elle/On **peut**	Il/Elle/On **sait**
Nous pouvons	Nous savons
Vous pouvez	Vous savez
Ils/Elles **peuvent**	Ils/Elles **savent**

→ p. 86

5 Observe les panneaux et écris dans ton cahier leur signification. Utilise les verbes *pouvoir* ou *devoir.*

a. Je ne (...) pas boire l'eau du robinet.
b. Nous ne (...) pas manger dans cette salle.

 6 Dans ton collège, qu'est-ce qui est interdit ? Et chez toi ?

LE SAMEDI SUIVANT

On ne peut pas refuser...

 7 **Lucie la Lunatique.**

a. Lis ces vignettes.
b. Réponds.
   1. Tu ne vas pas au collège ? (...)
   2. Tu n'étudies pas le français ? (...)
   3. Tu ne fais pas tes devoirs ? (...)
   4. Tu ne fais pas d'activités extrascolaires ? (...)

DIMANCHE

LE DIMANCHE SUIVANT

Réponse positive à une question à la forme négative

~~Oui~~ = Si

 8 **Pose des questions négatives à un(e) camarade. Il/Elle te répond.**

Un emploi du temps de ministre

Un jour pas comme les autres !

 1 Écoute et observe puis réponds aux questions.

a. Relève les verbes du dialogue.　　　　**b.** Qu'est-ce que tu remarques ?

- Qu'est-ce que tu fais le mercredi ?

- Je m'habille.

- Je me lève tôt,
à 7 heures.

- Je me lave entre 7 h 10 et
7 h 30.

- Tu ne déjeunes pas ?

- Si, si…, je prends
mon petit déjeuner
et je pars au collège.
Je commence à 8 h 30.
Je finis les cours à 12 h 30.

- Et l'après-midi,
qu'est-ce que tu fais ?
- Après le déjeuner,
à 14 heures, j'ai mon
cours de danse.
Je m'amuse bien !

 2 Dans ton cahier, conjugue les verbes et réponds
aux questions.

a. - Comme tu (s'appeler) ?
- Je (…) Lucie.

b. Vous (se coucher) à quelle heure ?
- Je (…) à minuit.

c. À quelle heure nous (se lever) ?
- Nous (…) à 7 heures.

d. Ils (se coucher) tard ?
- Non, ils (…) à 22 heures.

 **Comment
ça marche ?**

Les verbes pronominaux

Se lever

Je **me** lève
Tu **te** lèves
Il/Elle/On **se** lève
Nous **nous** levons
Vous **vous** levez
Ils/Elles **se** lèvent

↪ p. 87

3 Écoute et écris l'emploi du temps de Charles dans ton cahier.

Difficile pour Lucie !

 5 Écoute, lis et réponds aux questions.

L'après-midi

Lucie : On va à la piscine ?

Raoul : Non merci, je viens du cours de gym et je suis fatigué !

Le soir

Lucie : On va au théâtre ?

Charles : Non merci, je viens du théâtre et maintenant, je vais chez Raoul !

a. Où veut aller Lucie ?

b. Pourquoi Raoul et Charles n'acceptent pas les propositions de Lucie ?

 6 Dans ton cahier, complète les phrases.

a. Je vais (…) Lucie.

b. Tu vas (…) natation.

c. Nous allons (…) Toulouse.

d. Ils vont (…) bibliothèque.

e. Tu viens (…) danse.

f. Nous venons (…) atelier théâtre.

g. Je viens (…) karting.

h. Elles viennent (…) Lucie.

 4 Pose des questions à un(e) camarade sur son emploi du temps.

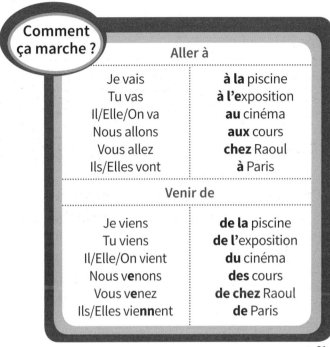

Comment ça marche ?

Aller à	
Je vais	**à la** piscine
Tu vas	**à l'**exposition
Il/Elle/On va	**au** cinéma
Nous allons	**aux** cours
Vous allez	**chez** Raoul
Ils/Elles vont	**à** Paris

Venir de	
Je viens	**de la** piscine
Tu viens	**de l'**exposition
Il/Elle/On vient	**du** cinéma
Nous v**e**nons	**des** cours
Vous v**e**nez	**de chez** Raoul
Ils/Elles vie**nn**ent	**de** Paris

p. 81

7 Fais des propositions à un(e) camarade pour faire une activité. Il/Elle refuse.

On va à la piscine ?

Non, je ne peux pas, je viens de…

Les sons [ə], [e] et [ɛ]

[ə] [e] [ɛ] [ə] [e] [ɛ]

 8 Écoute et répète. Comment fait le mouton dans ton pays ?

 9 Écoute. Dans quel ordre tu entends [ə], [e] et [ɛ] ?

jet - je - j'ai

 10 Écoute et dis dans quel ordre tu entends les mots.

fée ❶	fais ❷
me	mets
des	de
le	les
lait	le
te	tes

Que font les adolescents français de leur temps libre ?

Le temps libre des ados parisiens

 ❶ Lis le texte puis réponds aux questions.

Selon une récente enquête de l'*Observatoire des familles parisiennes*, le temps libre des adolescents se répartit entre la chambre, les amis, les sorties et les loisirs, l'école et les devoirs. Les ados parlent aussi de l'indisponibilité des parents.

CULTURE DE L'ÉCRAN

Les adolescents consacrent en moyenne :
- presque une heure par jour à la télévision pour les 13-15 ans.
- 1 heure 27 par jour à Internet.

Pour les ados, la vie « virtuelle » (blogs, réseaux sociaux et messagerie instantanée) fait partie de la vie privée.

IMPORTANCE DES AMIS

Pour 84 % des jeunes parisiens interrogés, *passer du temps en groupe ou avec des amis* est la première activité. Le plus important est d'être ensemble. Les amis *influent directement sur l'inscription dans une activité.*

LES LOISIRS

60 % des jeunes interrogés pratiquent une activité artistique, culturelle ou sportive, le mercredi.

Les garçons font plus de sport, 82 %, que les filles, 64 %. 48 % des ados pratiquent une activité en club. Les filles sont plus tournées vers la culture (bibliothèque, lecture).

ÉCOLE ET DEVOIRS

Les enfants consacrent une à trois heures par soir à leurs devoirs. 61 % des ados reconnaissent que leurs parents demandent tous les jours s'ils ont des devoirs à faire. Mais, chiffre assez étonnant, 15 % des enfants affirment que leurs parents ne demandent jamais comment s'est passée leur journée à l'école.

INDISPONIBILITÉ DES PARENTS

Dans certains quartiers, 65 % des parents commencent à travailler avant 8 h 30 et 47 % travaillent après 19 h 30.

D'après Libération
http://blogdelorientation.com/2009/08/que-font-les-adolescents-parisiens-de-leur-temps-libre-reponses/

a. Et toi, tu passes combien de temps sur Internet et devant la télé ?

b. L'enquête révèle que les amis *influent directement sur l'inscription dans une activité*. Es-tu d'accord ? Pourquoi ?

c. Selon toi, est-ce qu'il y a des activités de filles et des activités de garçons ? Donne des exemples.

d. Tu passes combien de temps, chaque jour, à faire tes devoirs ?

Les collectionneurs

 ···❷ **Lis le texte puis réponds aux questions.**

Pourquoi les enfants font-ils des collections ?

Beaucoup d'enfants commencent une collection entre 7 et 12 ans.

Quand on interroge les enfants sur ce qui les pousse à collectionner, ils évoquent le plaisir de la recherche, la satisfaction de la trouvaille, le plaisir des yeux, l'émotion du souvenir.

Ils ont aussi grand plaisir à échanger avec les amis et font de véritables marchandages : *Ah non, celui-ci est hyper rare, il en vaut trois pas rares.*

Au départ, c'est surtout un bon moyen de s'intégrer, d'appartenir à un groupe et d'échanger avec les autres. Il existe de nombreuses collections : gadgets *Hello Kitty,* images *Panini* de foot ou de *Batman*, figurines diverses…

À la puberté, beaucoup d'ados abandonnent ces collections qu'ils associent à l'enfance. Ceux qui continuent à collectionner sont des passionnés. Les collections reflètent alors les goûts et la personnalité. La collection devient signe d'originalité. Curieux renversement !

Adapté de :
http://www.vosquestionsdeparents.fr.prd-www.bayardweb.
com/dossier/594/pourquoi-font-ils-des-collections/page/2/
sectionId/923

a. Tu fais une collection ? Si oui, qu'est-ce que tu collectionnes ?

b. Dans ton pays, quels objets à collectionner proposent les magazines ?

c. Et dans ta famille, est-ce qu'il y a des collectionneurs ?

🎵 Cherche sur Internet la chanson *Fais pas ci, fais pas ça* de Jacques Dutronc. Écoute et chante.

GRAMMAIRE

L'impératif

 1 Écris une annonce pour ces activités. Utilise l'impératif.

 a.

 b.

La conjugaison des verbes : *vouloir, devoir, pouvoir, savoir*

 2 Conjugue le verbe entre parenthèses au présent de l'indicatif.

a. On (savoir) parler français.

b. Nous (vouloir) aller à l'anniversaire de Lucie.

c. Vous (pouvoir) danser.

d. Tu (devoir) mettre une robe noire.

e. Ils (savoir) faire du roller.

Les articles contractés

 3 Complète les phrases avec *à la, à l', au, aux, à, chez.* Écris dans ton cahier.

a. Je vais (…) Victor.

b. Lucie et Raoul jouent (…) échecs.

c. Nous allons (…) cinéma.

d. On va (…) Marseille.

e. Vous allez (…) atelier peinture.

f. Tu vas (…) danse.

 4 Associe pour faire une phrase. Écris dans ton cahier.

	de la	1. basket.
	de l'	2. Charles.
a. Tu fais	du	3. maquettes.
b. Tu viens	des	4. escrime.
	de chez	5. natation.
	de	6. Perpignan.

VOCABULAIRE

Les activités

 5 Quelles sont ces activités ?

PHONÉTIQUE

Les sons [ə], [e] et [ɛ]

 6 Écoute et écris ces noms de famille dans ton cahier. Puis vérifie.

a. Charles (…)

b. Raoul (…), Robin (…)

c. Lucie (…)

Réponses : a. Dégelé b. Démêle c. Sérèbe

COMMUNICATION

Parler de ses activités de loisirs

···❼ **Quelles activités de loisirs tu pratiques…**

a. …pendant l'année scolaire ?　　　**b.** …pendant les vacances ?

···❽ **Quelles sont tes activités de loisirs préférées ? Pourquoi ?**

···❾ **Pense à une activité insolite. Propose une activité à un(e) camarade.**

Via ferrata

Paintball

Stage école du cirque

Parler de son emploi du temps

···❿ **Raconte le petit rituel du matin de Robin.**

a.

b.

c.

d.

e.

f.

À ce soir maman !

···⓫ **Et toi ? Raconte ton rituel du matin.**

Projet

Faites une enquête dans la classe sur le temps libre et comparez vos résultats avec le temps libre des jeunes Français.

En petits groupes, vous élaborez un questionnaire sur les loisirs des élèves de la classe et vous réalisez une affiche.

Réalisation du questionnaire

 1 Formez des petits groupes. Préparez un questionnaire sur les activités et sorties et sur leur fréquence. Inspirez-vous de la fiche et de l'encadré *Des mots pour...*

Idées pour le questionnaire

a. Quelle(s) activité(s) extrascolaire(s) est-ce que tu fais ?

b. Quelle sorties est-ce que tu fais ?

c. Tu vas au cinéma, théâtre... :
- souvent
- rarement
- une fois par semaine, etc.

 2 Interrogez tous vos camarades de classe sur leurs activités.

 3 De nouveau en petits groupes, échangez les résultats de votre enquête et calculez les pourcentages (%).

Réalisation de l'affiche

 4 Faites votre affiche et accrochez-la dans la classe.

 5 Regardez et commentez les affiches des autres groupes. Relisez la page 16 de votre livre et comparez vos résultats avec le temps libre des jeunes Français.

Des mots pour...

Parler des loisirs

sports : football – basket-ball – tennis – ping-pong – équitation – athlétisme – judo – karaté – natation – plongée

activités artistiques : théâtre – danse – peinture – travaux manuels

les écrans

les sorties : parc d'attractions – cinéma – concert – théâtre

Unité 2

L'habit ne fait pas le moine !

Qu'est-ce que tu vois sur les photos ?

Projet En petits groupes, imaginez une « tribu » avec un style vestimentaire particulier.

Leçon 1

- Tu décris une tenue et tu donnes une appréciation sur un vêtement.
- Tu demandes et tu donnes ta taille et ta pointure.

Leçon 2

- Tu réponds à des questions.
- Tu donnes des conseils.

Leçon 3

- Tu caractérises un style et tu donnes ton opinion.
- Tu exprimes la possession.

Leçon 1 Un look à soi !

Quelles tendances ?

 1 Observe les photos, écoute et réponds aux questions.

un collier

des leggins

1.

2.

un sac à dos

3.

une jupe

un chapeau

une cravate

un manteau

5.

des bottes

a. Qui parle ?

b. Quels vêtements portent ces jeunes ?

c. De quelles couleurs sont les vêtements ?

 2 Associe ces vêtements aux motifs.

  a.   **b.**   **c.**   **d.**   **e.**

1. uni   **4.** à rayures

2. à carreaux   **5.** avec des motifs

3. à fleurs

6.

des baskets

7.

des chaussures à talon

 4 Et toi, comment sont tes vêtements ?

 3 Regarde à nouveau les photos de l'activité 1. Quels sont les motifs des vêtements ?

Des mots pour...

Dire les couleurs

Ce pantalon est blan**c**.

→ Cette jupe est blan**che**.

un pantalon vert / bleu / noi**r**

→ une jupe verte / bleue / noi**re**

un pantalon beige → une jupe beige

Comment ça marche ?

Les démonstratifs

	singulier	pluriel
masculin	ce / cet*	ces
féminin	cette	

* devant une voyelle et un *h* muet.

ce pantalon / **cet** anorak

cette jupe

ces bottes

↪ p. 81

5 Quel look tu préfères ? Pourquoi ?

Range (...) anorak, (...) pantalon, (...) baskets sinon je jette tout !

6 Dans ton cahier, complète la bulle avec *ce, cet, cette* ou *ces*.

Des mots pour...

Donner une appréciation sur des vêtements	
👍	C'est super bien, classe, branché ! C'est confortable, pratique, élégant ! J'adore !
👎	C'est pas mal ! C'est affreux, démodé, ringard !

Ça nous va bien !

7 Quels verbes tu connais pour parler des vêtements ?

Tu vois bien que ça se porte comme ça, c'est la mode !

8 Conjugue dans ton cahier les verbes *s'habiller, mettre* et *porter*.

Attention, chaussures !

9 Écoute le dialogue et réponds aux questions.

Victor : Super tes chaussures !

Arthur : Ouah, la chance ! Des Ben !

Victor : Quelle pointure tu fais ? Du 46 ?

Arthur : Eh, tu n'attaches pas tes lacets ?

Louis : Non, on les porte comme ça !

Victor : Bon, on est là pour le skate.

Louis : C'est parti !

a. Quelle est la pointure de Louis ?

b. Pourquoi Louis tombe ?

c. Réponds aux questions suivantes :

Quelle est ta pointure ?

Quelle taille tu fais ?

Leçon 2 — Trop, c'est trop !

Shopping avec maman !

 1 Écoute le dialogue et réponds aux questions.

La mère : Quel pantalon tu veux ?
Louis : Ce jean.
La mère : Il est très large !
Louis : Ça se porte comme ça ! Je vais l'essayer !
La mère : C'est trop grand ! Ce n'est pas ta taille, c'est un pantalon pour ton père !
Louis : Il est très sympa ! Je le prends ! Je vais aussi essayer ce tee-shirt.
La mère : On voit ton ventre, il n'est pas assez long, il est vraiment trop court ! Il ne faut pas exagérer ! C'est ridicule ! prends la taille au-dessus.
Louis : Non ! Il est très bien ! C'est la mode ! Et avec ces baskets, c'est super !
La mère : Mais elles sont trop grosses, ce sont des chaussures de randonnée ?
Louis : Très drôle !
La mère : En plus, ces baskets sont assez chères !
Louis : J'adore ! Allez maman ! Elles sont chères parce qu'elles sont grosses !
La mère : Alors les escarpins, c'est gratuit ?

a. Qu'est-ce que Louis veut acheter ?

b. Pourquoi la mère refuse ?

a.	b.	c.

c. Donne ton avis sur ces vêtements.

d. Termine ces phrases. Écris dans ton cahier. Plusieurs solutions sont possibles.

  1. Prends la taille au-dessus, ce pantalon est (…)

  2. On voit ta culotte, cette jupe est (…)

  3. Coupe tes cheveux, ils sont (…)

  4. Je ne peux pas marcher avec ces chaussures, elles sont (…)

  5. Je n'aime pas ce garçon, il est (…)

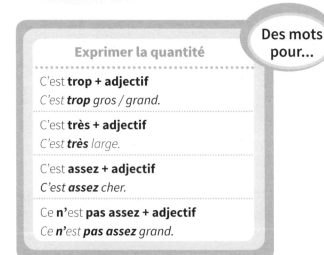

Des mots pour...

Exprimer la quantité

C'est **trop + adjectif**
*C'est **trop** gros / grand.*

C'est **très + adjectif**
*C'est **très** large.*

C'est **assez + adjectif**
*C'est **assez** cher.*

Ce n'est **pas assez + adjectif**
*Ce n'est **pas assez** grand.*

e. Comment tu aimes porter les vêtements ?

J'aime porter les vêtements **assez** serrés / larges.

2 Complète avec *quel, quels, quelle* ou *quelles*. Écris dans ton cahier.

a. (…) pull tu veux ?

b. (…) chaussures tu achètes ?

c. (…) taille et (…) pointure tu fais ?

d. (…) couleurs et (…) motifs tu préfères ?

Comment ça marche ?

Les adjectifs interrogatifs

	singulier	pluriel
masculin	quel	quels
féminin	quelle	quelles

p. 85

 3 Pose des questions à un(e) camarade sur ses préférences.

Quelles chaussures tu préfères ?

Les baskets.

Spécial relooking

 4 Écoute ce coach. Quels conseils donne-t-il ?

 5 Qu'est-ce que tu penses du look de ces personnes ?

 a.

 b.

 6 Donne des conseils de relooking à ton/ta voisin(e).

Tu devrais/Elle devrait mettre un pantalon.

Tu devrais t'habiller en noir.

Le [ɔ̃] de *bon*, le [ɑ̃] de *maman* et le [ɛ̃] de *copain*

 7 Dans ton cahier, classe les mots dans la bonne colonne.

[ɑ̃] an/en	[ɛ̃] in/ain/ein/un	[ɔ̃] on
(…)	(…)	(…)

 **8** Écoute et chante.

Un pantalon blanc pour être élégant !

C'est ringard, c'est ringard de temps en temps…

Le noir c'est branché, c'est branché tout le temps…

Et en noir et blanc, c'est l'amour, c'est l'amour pour longtemps.

Leçon 3 — Un pour tous, tous pour un !

Quelle est ta tribu ?

 1 Associe les commentaires aux photos.

a. Nous nous habillons en noir. Les filles de notre groupe aiment les longues robes. Nous sommes élégants et créatifs !

b. On porte des vêtements confortables, pratiques et décontractés. On aime les couleurs, la musique, le sport et les sensations fortes.

c. Nous sommes classiques et élégants. On porte des vêtements de marque. On aime le beige, le bleu marine et le blanc.

d. On adore les mangas et on est fans de *Tokio Hotel.* On a les cheveux noirs ou décolorés. On se maquille les yeux en noir et on s'habille avec des accessoires en couleurs et avec des motifs. Notre look est amusant !

2 À ton avis, sur ces photos, qui sont les « Emos » ; les « Gothiques » ; les « Skateurs » ; les « BCBG » ?

3 Donne ton avis sur ces différents styles.

4 Dans ton cahier, classe les adjectifs dans le tableau.

> **Des mots pour...**
>
> ### Donner un avis sur un look
>
> | 🙂 | 😐 | 🙁 |
> |---|---|---|
> | élégant | classique | ringard |
> | confortable | excentrique | affreux |
> | pratique | sportif | ridicule |
> | chic | décontracté | démodé |
> | amusant | BCBG | triste |
> | joyeux | | snob |
> | branché | | |
> | créatif | | |

masculin = féminin	masculin if → féminin ive	masculin = féminin + e	masculin eux → féminin euse
pratique (…)	sportif → sportive (…)	démodé → démodée ringard → ringarde (…)	affreux → affreuse (…)

5 Dans ton cahier, transforme ces phrases au féminin.

a. Il est créatif et amusant.

b. Il est sportif et décontracté.

c. Il est ridicule et prétentieux.

d. Il est joyeux et ouvert.

6 Tu connais d'autres styles vestimentaires ? Décris-les.

 7 Et toi, tu t'identifies à qui ? Pourquoi ?

Les vêtements de la tribu

 8 Écoute cette interview et réponds aux questions.

Enquête au collège

Le journaliste : Il y a beaucoup de looks différents dans votre collège ?
Louise : Oh oui ! Dans mon collège, il y a des Emos, des Gothiques, des Rappeurs…
Le journaliste : Et vous, c'est quoi votre look ?
Victor : Moi, je suis Skateur.
Louise : Moi, je suis une Lolita.
Le journaliste : Le look c'est important pour vous ?
Louise : Oui et non. Mon look, c'est important, mais mes copines ne sont pas toutes des Lolitas !
Victor : Pour moi, notre look c'est super important, entre nous on se reconnaît tout de suite.

a. Quel est le look de Louise et quel est le look de Victor ?

b. Est-ce que le look est important pour Louise et pour Victor ?

c. Et pour toi, est-ce que le look est important ?

La coiffure de Mariah Carey

Le sac de Rihanna

Le petit gilet de ma copine Amélie

Les chaussettes de Kate Moss

Les bottes d'Anne Hathaway

 9 Lucie va à la montagne. Qu'est-ce qu'elle doit emporter ? Utilise *son*, *sa* et *ses*.

 10 Dans ton cahier, refais les phrases de l'activité 9. Remplace Lucie (elle) par *je, tu, nous, vous, ils/elles.*

Comment ça marche ?

Les possessifs

Possesseur	singulier		pluriel
	masculin	féminin	
je	mon*	ma	mes
tu	ton*	ta	tes
il/elle	son*	sa	ses
nous	notre		nos
vous	votre		vos
ils/elles	leur		leurs

* devant une voyelle ou un *h* pour un nom féminin : *mon/ton/son*

p. 82

Les ados et les fringues

Les ados français et la mode

❶ Lis le texte.

En France, les filles entre 13 et 16 ans dépensent leur argent de poche pour acheter des chaussures et des vêtements. Les garçons achètent des jeux vidéo mais ils font aussi attention à leur look !

Les chaussures de marque sont très importantes pour 95 % des garçons et 75 % des filles.

Les adolescents français dépensent en moyenne 1000 euros par an pour acheter des chaussures, vêtements et accessoires.

❷ Pour toi, c'est indispensable d'avoir des chaussures et des vêtements de marque ?

Looks ou uniformes ?

❸ Observe les documents et réponds aux questions.

Le look est essentiel pour 85 % des adolescents français. Ils se rencontrent en fonction du look et s'identifient à un style et à un groupe.

Le groupe a ses codes vestimentaires mais ce n'est pas non plus l'uniforme !

En France, on ne porte pas l'uniforme mais beaucoup de pays exigent que les collégiens et les lycéens le portent, comme l'Angleterre, l'Inde, l'Afrique du Sud… Ces pays ont fait ce choix pour éviter les différences sociales entre les jeunes.

45 % des parents français sont pour le port de l'uniforme et 70 % des collégiens et des lycéens sont contre.

Voici les principaux arguments des jeunes :

POUR	CONTRE
L'égalité, le côté pratique.	L'absence de liberté, ne pas pouvoir se différencier, ne pas pouvoir se reconnaître.

a. Tu es pour ou contre l'uniforme au collège ? Pourquoi ?

b. Est-ce que tu choisis tes amis en fonction de leur look ?

Des vêtements qui changent de couleur

 ···❹ Lis le texte puis réponds aux questions.

Rainbow Winters *invente des vêtements interactifs qui changent de couleur en fonction de la météo et de l'environnement sonore.*

Une société de recherche sur la mode vestimentaire a développé une technique pour changer les imprimés sur un même vêtement. Le vêtement est lavable, l'imprimé reste après le lavage. On applique un produit et il est possible de changer l'imprimé de place. *Rainbow Winters,* en Grande-Bretagne, propose des vêtements interactifs, les couleurs changent en fonction de l'intensité du soleil, de l'eau et même du son. Par exemple, la robe *Rainforest* passe du blanc et noir à une couleur vivante, au soleil et avec de l'eau. Les robes *Thunderstorm* et *Picasso Explosion* évoluent en fonction de l'ambiance sonore. Les vêtements sont équipés de fibres optiques et de matériaux holographiques. Ces vêtements sont disponibles en Grande-Bretagne, Japon et Chine.

Ce principe existe aussi pour les vernis à ongles.

Sans Soleil

Avec Soleil

Sans Soleil

Avec Soleil

a. Comment l'imprimé change de place et de couleur ?

b. Est-ce que tu aimes ce genre de vêtements ou de vernis à ongles ? Pourquoi ?

♪ Cherche sur Internet la chanson *T'as le look Coco* de Laroche Valmont. Écoute et chante.

GRAMMAIRE

Les adjectifs démonstratifs

 ❶ Complète le dialogue. Écris dans ton cahier.

Marie : Regarde (…) pantalon à carreaux ! J'adore !

Louise : (…) chaussures aussi sont jolies ! et avec (…) robe et (…) anorak, c'est sympa !

L'accord des adjectifs

 ❷ Transforme au féminin.

a. Il est classique et élégant.

b. Il est sportif, décontracté et ouvert.

c. Il est joyeux et créatif.

d. Il est triste et prétentieux.

Les adjectifs possessifs

 ❸ Complète avec un possessif.

a. Vous avez (…) style.

b. Nous avons (…) look et (…) copains.

c. Les ados choisissent (…) groupes et (…) vêtements.

d. Elles aiment (…) mère.

e. Je mets (…) pantalon beige.

f. Il porte (…) chaussures blanches.

 ❹ Associe pour faire une phrase. Écris dans ton cahier.

a. Quel	1. jupe	
b. Quelle	2. bottes	tu préfères ?
c. Quels	3. sac à dos	
d. Quelles	4. motifs	

VOCABULAIRE

Les vêtements

 ❺ Donne le nom de cinq vêtements pour le ski et pour la plage. Écris dans ton cahier.

PHONÉTIQUE

Les sons [ɑ̃] , [ɔ̃] et [ɛ̃]

 ❻ Écoute et indique dans ton cahier dans quel ordre tu entends les mots.

	1	2	3
a.	bon	banc	bain
b.	mon	ment	main
c.	son	sang	sein
d.	pont	pend	peint
e.	vont	vent	vin

COMMUNICATION

Décrire une tenue

 ❼ Décris ces tenues.

a.

b.

❽ Jeu. Décris les vêtements d'un(e) camarade de la classe. Les autres doivent deviner qui c'est.

Donner une appréciation sur les vêtements

 ❾ Écoute et associe un dialogue à une fille.

a.

b.

c.

 ❿ Et toi, que penses-tu de ces vêtements ?

Demander et donner sa taille

⓫ Demande et donne ta taille et ta pointure. Complète les bulles.

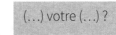 (…) votre (…) ?

 (…)

Projet

En petits groupes, imaginez une « tribu » avec un style vestimentaire particulier.

Choix de la tribu

 •••**❶** Formez les groupes et choisissez une tribu.

Pensez aux vêtements, aux chaussures, aux accessoires... que vont porter les membres de votre tribu.

 •••**❷** Donnez un nom à votre tribu.

Les elfes

Les Samsons

Réalisation du collage

 •••**❸** Écrivez des textes courts pour présenter la tribu. Vous parlez de sa façon de s'habiller, de ses habitudes...

 •••**❹** Réalisez votre collage avec des photos et les textes.

Exposition des collages

 •••**❺** Exposez votre collage dans la classe et faites des commentaires sur les collages de vos camarades.

Unité 3

Interdit aux parents

• Qu'est-ce que tu vois sur les photos ?

 **Écrivez un questionnaire sur la chambre (décoration, objets personnels, activités...) et faites un sondage.**

Leçon 1
• Tu décris ta chambre et les pièces de ta maison.
• Tu localises le mobilier.

Leçon 2
• Tu racontes une journée passée.
• Tu parles de décoration.

Leçon 3
• Tu parles des tâches ménagères.
• Tu poses des questions.

Leçon 1 Ma chambre dans ma maison

Ma chambre

 1 Ferme ton livre et écoute. Dessine les chambres de Louise et de Léo puis vérifie avec les dessins.

Louise

Léo

 2 Écoute à nouveau lis et réponds aux questions.

Louise : Voilà ! C'est ma chambre, elle est petite mais je l'aime bien. Tu rentres et mon lit est contre le mur, à droite. Sous mon lit, il y a un tiroir avec un matelas quand une copine vient dormir, c'est pratique ! Le bureau est sous la fenêtre à gauche du lit et il y a une étagère entre le bureau et le lit. J'aime beaucoup mes affiches sur les murs.

Léo : Ma chambre est au bout du couloir, je suis tranquille. Tu entres dans ma chambre et le lit est à gauche contre le mur. En face du lit, il y a mon bureau. Sur le bureau, il y a une belle lampe. À gauche du bureau, il y a l'armoire. Au-dessus de l'armoire, il y a mes boîtes de jeux de société.

a. Louise et Léo utilisent quels mots pour localiser les meubles ?

b. Quels mots tu connais pour localiser ? Fais la liste dans ton cahier.

Ma maison

 3 Quels meubles sont dans ces pièces ?

| le salon | la salle à manger |
| la cuisine | la salle de bains |

Des mots pour...

Nommer le mobilier			
un canapé	un évier	une cuisinière	un lavabo / des toilettes
un fauteuil	un placard	un réfrigérateur	une douche

4 Écoute Lucie décrire son appartement et réponds aux questions dans ton cahier.

a. Lucie habite avec qui ?   (…)

b. Quelles pièces il y a dans l'appartement ?   (…)

c. Quels meubles se trouvent dans les différentes pièces ?   (…)

5 Décris ta chambre à un(e) camarade. Il/Elle doit dessiner ta chambre puis tu corriges.

6 Trouve les différences entre les deux chambres.

Cache-cache

7 Un élève cache un objet, les autres devinent où il est.

• Quand l'objet est loin, l'élève dit « **C'est froid !** »

• Quand l'objet est près, l'élève dit « **C'est chaud !** »

Il est sous le bureau du prof ?

Non, c'est froid !

Leçon 2 — Mon espace perso

La chambre de Lucie

 1 Écoute le dialogue et réponds aux questions.

a. Qu'est-ce que Lucie a fait hier ?

b. Quels nouveaux objets sont dans la chambre de Lucie ?

Lucie : Hier, **j'ai changé** la déco dans ma chambre.

Simon : Ah bon… ! Et qu'est-ce que **tu as fait ?**

Lucie : J'ai changé les meubles de place, **j'ai mis** mon lit contre le mur et ma commode sous la fenêtre. **J'ai accroché** des posters au-dessus de mon lit. **J'ai acheté** des rideaux en plastique noir, c'est très branché !

Simon : C'est bien, **tu as rangé** tes affaires !

Lucie : Non, pas du tout ! Pourquoi tu dis ça ?

 2 Dans ton cahier, situe les verbes en gras du texte sur la ligne de temps.

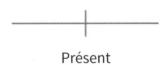

Présent

 3 Relie.

a. faire	**1.** accroché
b. mettre	**2.** acheté
c. accrocher	**3.** mis
d. acheter	**4.** fait

 Les verbes en **-er** (*changer / ranger*)

changer → j'ai changé

ranger → j'ai rangé

Comment ça marche ?

Le passé composé avec l'auxiliaire avoir	
Verbe **avoir** (présent) + participe passé	
J'ai	
Tu as	
Il/Elle a	+ chang**é**
Nous avons	
Vous avez	
Ils/Elles ont	

 4 Mets les phrases au passé composé. Écris dans ton cahier.

a. Lucie range sa chambre.

b. Je mets mes affaires dans l'armoire.

c. Nous accrochons les rideaux à la fenêtre.

d. Vous posez une lampe sur le bureau.

e. Tu fais le ménage.

f. Ils achètent des objets pour décorer.

p. 87

Louise décoratrice d'intérieur

 5 **Écoute le dialogue et réponds aux questions.**

a. Regarde les dessins, Louise a acheté quels nouveaux objets ?
Écris les réponses dans ton cahier.

b. Où Louise a mis ces objets ?

c. Quels changements Louise a fait dans sa chambre ?

a. Un miroir	**b.** Une boîte à bijoux	**c.** Une plante verte	**d.** Un tableau
e. Un ours en peluche	**f.** Des livres de cours	**g.** Une lampe	**h.** Une mappemonde

 6 **Et toi, comment tu as décoré ta chambre ?**

> **Parler des matières**
> ⋯⋯⋯⋯⋯⋯⋯⋯⋯⋯⋯⋯⋯⋯⋯
> **en** plastique / cuir / tissu…

> **Des mots pour...**

L'interrogation

 8 **Écoute et observe les intonations.**

Qu'est-ce qu'ils font ?	⤴	Tu ranges ta chambre ?	⤴
Ils écoutent de la musique.	⤵	Non, je sors.	⤵

 9 **Écoute et réponds.**

a. Quelles sont les questions ?

b. Écoute les réponses et répète.

Leçon 3 — Ordre et désordre

Quel désordre !

 1 Écoute ce dialogue et réponds aux questions.

a. Adrien a rangé sa chambre ?

b. À ton avis, elle est bien rangée ?

Le père : Adrien, range ta chambre et tes affaires ! Prends exemple sur ta sœur ! Tu as vu comme sa chambre est propre ! Ce matin, elle a fait le ménage dans la cuisine et la vaisselle. Et toi, qu'est-ce que tu as fait… ? Est-ce que tu as aidé ta sœur ?

Adrien : Je m'excuse, mais j'ai rangé ma chambre !

Le père : Rangé quoi ? C'est une blague ?

Adrien : Pas du tout, j'ai mon organisation personnelle. Tu veux un exemple ?

Le père : D'accord, vas-y !

Adrien : Par exemple, tu veux mon bulletin du premier trimestre ? Eh bien… Hop…, je le trouve tout de suite ! Il est sur mon bureau, à côté de la lampe, sous mes devoirs de maths. Tu vois. Chacun sa méthode !

 2 Et ta chambre, elle est en ordre ? Qu'est-ce que tes parents disent ?

Quelles corvées !

 3 Ce matin, Julien a fait le ménage. Qu'est-ce qu'il a fait ?

      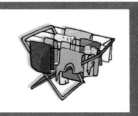   

Il a fait la vaisselle.   **Il a balayé.**   **Il a lavé le linge.**   **Il a passé l'aspirateur.**

> **Des mots pour…**
>
> **Exprimer la négation**
>
> Je **ne** fais **rien.**   Je **ne** fais **jamais** le ménage.

 4 Et toi, que fais-tu chez toi ?

Es-tu ordonné(e)

 5 Lis ce test et réponds aux questions dans ton cahier. Écris dans ton cahier.

a. Ranges-tu ta chambre ?
- Tous les jours.
- Une fois par semaine.
- Une fois par mois.
- Jamais.

b. Repasses-tu tes vêtements ?
- Toujours.
- Jamais.

c. Fais-tu ton lit ?
- Le matin.
- Le soir avant de dormir.
- Une fois par semaine.
- Jamais.

d. Préfères-tu ?
- Passer l'aspirateur.
- Balayer.
- Laver les vitres.
- Plier le linge.

Réponses :

Tu as 3 ou 4 • : Bravo ! Tu es une vraie « fée du logis ».

Tu as 3 ou 4 • : Un peu de désordre ne te dérange pas mais parce que trop c'est trop !

Tu as 3 ou 4 • : Vive le désordre ! Tu ranges parfois pour faire plaisir à tes parents.

Tu as 3 ou 4 • : Vive le désordre ! Tu aimes vivre dans les tas de vêtements, papiers, objets divers.

 6 Observe les questions du test. Que remarques-tu ?

 7 Pose les mêmes questions de deux manières différentes.

 8 Écoute ces questions et repère les liaisons.

a. Fait-il du sport ? **[t]**

b. Doit-il faire du sport ? **[t]**

c. Prend-il le bus ? **[t]**

Comment ça marche ?

L'interrogation

- **Tu ranges ta chambre ?**
[intonation montante ➚]

- **Est-ce que** tu ranges ta chambre **?**
[**(qu')** **est-ce que** + phrase]

- **Ranges-tu** ta chambre **?**
[inversion verbe-sujet]

↪ **p. 84**

 9 Prononce ces questions puis écoute pour vérifier.

a. Fait-il ses devoirs dans sa chambre ?

b. Est-elle dans le salon ?

c. Vient-il à la fête d'anniversaire de Lucie ?

 Entre deux voyelles on met **-t-**.

Il aime écouter de la musique ?

*Aim**e-t-i**l écouter de la musique ?*

Il y a un bureau dans ta chambre ?

*Y **a-t-i**l un bureau dans ta chambre ?*

10 L'inversion verbe-sujet.

a. Dans ton cahier, transforme les questions avec l'inversion verbe-sujet.

1. Il range sa chambre ?

2. Il prend le bus ?

3. Elle lit sur son lit ?

4. Ils vont au cinéma le samedi ?

5. Il y a des cours de danse dans ton collège ?

b. Écoute pour vérifier.

Ma chambre – mon refuge !

Une chambre tout seul ?

 ···❶ **Lis le texte.**

Ta chambre est ton endroit personnel où tu peux te retrouver seul ou inviter tes amis… mais voilà, ce n'est pas toujours possible d'avoir une chambre à soi !
En France, 70 % des adolescents ont une chambre pour eux. Dans les grandes villes : Paris, Lyon, Toulouse, Marseille, les appartements sont chers et les surfaces peuvent être petites… alors, parfois, on partage sa chambre avec son frère ou sa sœur.

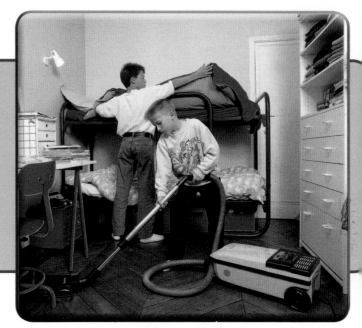

 ···❷ **Compare avec la situation des grandes villes dans ton pays.**

Tes objets perso ?

 ···❸ **Lis et réponds aux questions.**

a. Dans ta chambre, où ranges-tu tes objets personnels ?

b. Quels sont tes objets les plus personnels ?

Pour 31 % des ados français, l'endroit le plus personnel dans la chambre est le bureau et les tiroirs.

Pour 20 %, c'est le lit.

Pour 16 % des ados français, les objets les plus personnels sont : les posters et les dessins.

Pour 14 %, c'est la musique.

Ma chambre et les autres

 ···❹ **Lis ces témoignages.**

On ne vit pas tout seul dans la maison ou l'appartement, il y a les parents, les frères et sœurs… et on peut vouloir être seul… !
Alors on peut s'enfermer dans sa chambre.

La chambre est-elle un espace interdit aux parents ?

Julie 14 ans

Ma mère entre dans ma chambre et regarde dans mes tiroirs, elle ne veut pas que je ferme ma chambre à clé !

Martin 14 ans

Dans ma chambre, j'ai mis mes livres, mon ordi, mes posters, mes magazines… Je reçois aussi mes copains mais j'aime bien aussi rester seul dans ma chambre. Mes parents ne rentrent jamais, c'est mon espace personnel !

Arthur 15 ans

Dans ma chambre, je fais mes trucs perso comme téléphoner à mes copains. Mes parents n'ont pas le droit d'entrer et ils respectent mon interdiction.

 ···❺ **Et toi, est-ce que tes parents entrent dans ta chambre ?**

Les écrans dans la chambre

 ···❻ **Lis le texte. Penses-tu qu'il faut un ordinateur et/ou une télé dans ta chambre ?**

30 % des adolescents français ont un ordinateur dans leur chambre et 10 % une télévision. Beaucoup de parents pensent qu'il faut contrôler les adolescents quand ils sont sur Internet ou Facebook et qu'on regarde la télévision en famille dans le salon.

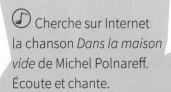

♪ Cherche sur Internet la chanson *Dans la maison vide* de Michel Polnareff. Écoute et chante.

GRAMMAIRE

Le passé composé

 1 **Mets ce texte au passé composé. Écris dans ton cahier.**

Lucie fait le ménage dans sa chambre. Elle range ses vêtements dans l'armoire. Elle passe l'aspirateur. Elle met son ours en peluche sur l'étagère. Elle change son fauteuil de place.

L'interrogation

 2 **Dans ton cahier, reformule les questions de deux autres manières.**

a. Vous rangez votre chambre ?

b. Elle s'habille en noir ?

c. Tu décores ta chambre ?

d. Ils changent les meubles de place ?

e. On fait la vaisselle ?

f. On accroche les rideaux ?

Les tâches ménagères

 4 **Qu'est-ce qu'il fait ?**

a.

b.

c.

d.

e.

f.

VOCABULAIRE

Les pièces de la maison

 3 **Décris les pièces.**

a.

b.

PHONÉTIQUE

L'interrogation

 5 **Écoute. Quelles sont les phrases affirmatives et quelles sont les phrases interrogatives ? Recopie le tableau dans ton cahier et coche la bonne réponse.**

	1.	2.	3.	4.	5.	6.	7.	8.
interrogations								
affirmations								

COMMUNICATION

Présenter un appartement

 6 Recopie ce plan sur ton cahier. Écoute et écris le nom des pièces. Localise les meubles dans les pièces.

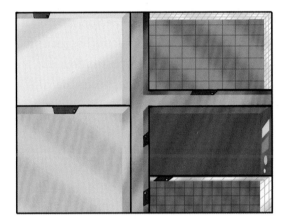

 7 À toi. Dessine un plan d'appartement. Donne ce plan à ton/ta voisin(e). Indique les pièces et la place des meubles. Il/Elle doit placer le nom des pièces et les meubles sur le plan.

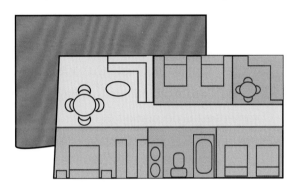

L'interrogation

 8 Raconte la journée d'Alice.

a. **b.**

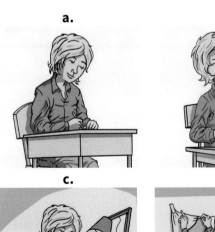

c. **d.**

Les tâches ménagères

 9 Faites un sondage sur les tâches ménagères que vous réalisez. Un(e) élève pose des questions puis vous faites les pourcentages à partir du nombre d'élèves de la classe.

Qui fait son lit ?

Qui ne fait rien ?

 10 Jouez cette scène. Il y a deux enfants : un fait le ménage, l'autre ne fait rien et la mère s'énerve !

Projet

Écrivez un questionnaire sur la chambre (décoration, objets personnels, activités...) et faites un sondage.

Par deux, vous vous interrogez sur vos goûts pour décorer votre chambre et sur vos activités dans cette pièce. Vous proposez des idées de *relooking*.

Enquête

 ❶ **Pose des questions à ton/ta camarade sur sa chambre.**

- Où se trouve-t-elle ?
- Est-ce qu'il/elle la partage avec un frère/une soeur ?
- Comment sont les meubles ? Où sont-ils placés ?
- Est-ce qu'il y a un ordinateur ? une télévision ?
- Comment est la décoration ?
- Est-ce que les parents entrent dans la chambre ?
- Est-ce que ta chambre est rangée ?

Réalisation de l'affiche

 ❷ **À partir des réponses de ton/ta camarade, réalise ton affiche.**

a. Rédige une fiche avec les réponses aux questions.

b. Propose des idées de *relooking* pour la chambre de ton/ta camarade et fais un collage. Pense à la disposition des meubles, aux objets, aux affiches…

c. Comparez vos affiches.

> **Des mots pour…**
>
> #### Poser des questions
>
> - **Est-ce que** tu partages ta chambre ?
> - → Oui, … → Non, …
> - **Qu'est-ce que** tu accroches sur les murs ?
> - Des affiches / des posters de…
> - **As-tu accroché** des posters dans ta chambre ? (inversion du sujet)
> - **Mots interrogatifs**
>   Quel / Quelle / Quels / Quelles ?
>   Qui ?
>   Que ?
>   Comment ?
>   Pourquoi… ? → Parce que…

Exposition des affiches

 ❸ **Expose ton affiche dans la classe et fais des commentaires sur les affiches de tes camarades.**

Les gourmets

Qu'est-ce que tu vois sur les photos ?

**Faites un livre de recettes. Mettez en commun vos « bonnes » recettes.**

Leçon 1

- Tu parles des commerçants et de la nourriture.
- Tu exprimes tes goûts.

Leçon 2

- Tu parles des repas.
- Tu exprimes la nécessité et la fréquence.

Leçon 3

- Tu fais les courses.
- Tu commandes des plats au restaurant.

Leçon 1 La liste des courses

Chez les commerçants

 1 Écoute et observe. Qu'est-ce que Julie achète ?

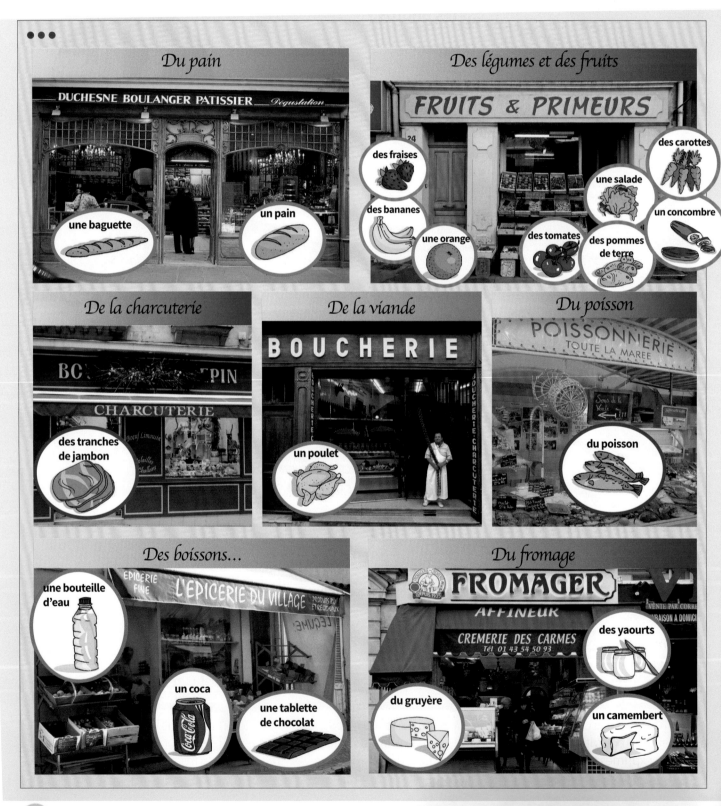

Du pain
- une baguette
- un pain

Des légumes et des fruits
FRUITS & PRIMEURS
- des fraises
- des bananes
- une orange
- une salade
- des carottes
- un concombre
- des tomates
- des pommes de terre

De la charcuterie
CHARCUTERIE
- des tranches de jambon

De la viande
BOUCHERIE
- un poulet

Du poisson
POISSONNERIE — TOUTE LA MARÉE
- du poisson

Des boissons...
L'ÉPICERIE DU VILLAGE
- une bouteille d'eau
- un coca
- une tablette de chocolat

Du fromage
FROMAGER — AFFINEUR — CREMERIE DES CARMES
- des yaourts
- du gruyère
- un camembert

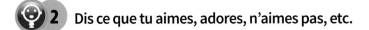

2 Dis ce que tu aimes, adores, n'aimes pas, etc.

J'adore.	♥ ♥ ♥ ♥
J'aime beaucoup	♥ ♥ ♥
J'aime bien.	♥ ♥
J'aime un peu.	♥
Je n'aime pas.	✗
Je n'aime pas du tout.	✗ ✗
Je déteste.	✗ ✗ ✗
Je ne sais pas. / Je n'en mange jamais.	

3 Jouez. Tu dis une phrase, ton/ta camarade reprend la phrase en ajoutant un mot, comme dans l'exemple.

Je déteste les bananes.

Je déteste les bananes et les yaourts.

4 Où vas-tu acheter ces aliments ?

Liste

10 baguettes
10 tranches de jambon
1 poulet

3 camemberts
5 tablettes de chocolat
1 salade

Des mots pour...

Parler des commerces

Je vais **à la boulangerie** / **chez le boulanger**.

De la nourriture... !

5 Observe. À ton avis, quand utilise-t-on les partitifs ?

de l'eau

une bouteille d'eau

une tablette de chocolat

du chocolat

une glace

de la glace

Comment ça marche ?

Les articles partitifs

Pour une quantité indéterminée	
On ne compte pas	
masculin	**féminin**
du chocolat	de la glace
de l'eau	

p. 83

6 Dans ton cahier, complète avec *du, de la, de l', des* ou *un*.

(...) jambon

(...) lait

(...) pain

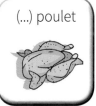
(...) poulet

(...) confiture

(...) poulet

(...) sauce tomate

(...) tomates

Leçon 2 — Pour être en forme !

Un petit déjeuner énergétique !

 1 Écoute le dialogue et réponds aux questions.

a. Quel est le petit déjeuner d'Arthur ?

b. Dans quels aliments il y a des vitamines, du calcium, des glucides, des protéines ?

Léa : Tu fais quoi ?

Arthur : Ben… Je me prépare pour la compétition. Un sportif doit bien se nourrir ! Il faut prendre un vrai petit déjeuner ! Bon… Je vais manger des tartines, de la confiture et un croissant. Je vais boire un jus d'orange pour les vitamines.

Léa : Tu manges des céréales ?

Arthur : Oui, c'est énergétique ! Je bois aussi du lait pour le calcium et je prends deux œufs pour les protéines.

Léa : Ce n'est pas assez ! Mange du jambon !

Arthur : Jamais, je ne mange pas de charcuterie ! C'est mauvais pour la santé ! […]

Léa : C'est comme dans la publicité « manger et bouger » !… Dis donc ! Ça va ?… Ce n'est pas la forme olympique !

Arthur : Euh… Si, si… Ça va, ça va…

1h 30 plus tard …

Alors Arthur !? Qu'est-ce que tu fais ?!

 2 Et toi, que manges-tu pour le petit déjeuner ?

 3 Écoute ce dialogue et réponds aux questions.

a. Que mange Léa et que boit-elle au petit déjeuner ?

b. Comment appelle-t-on les 4 repas en France ?

 4 Observe cette phrase. Qu'est-ce que tu remarques ?

Je ne mange pas de viande.

 5 Réponds aux questions.

a. Il y a des protéines dans les fruits ? → Non (…)

b. Tu manges des fruits tous les jours ? → Non (…)

c. Tu veux de la confiture sur tes tartines ? → Non (…)

d. Tu manges un croissant ? → Non (…)

Comment ça marche ?

Manger	Boire
Je mang**e**	Je boi**s**
Tu mang**es**	Tu boi**s**
Il/Elle/On mang**e**	Il/Elle/On boi**t**
Nous mang**eons**	Nous buv**ons**
Vous mang**ez**	Vous buv**ez**
Ils/Elles mang**ent**	Ils/Elles boiv**ent**

p. 86

Comment ça marche ?

Exprimer la négation

De la / du / de l' / des / une / un
→ Forme négative = **ne… pas de**

p. 83

6 Commente cette pyramide.

> *Il faut manger des produits laitiers à chaque repas.*

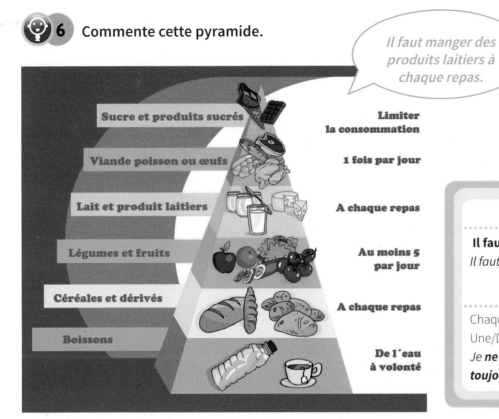

Sucre et produits sucrés — **Limiter la consommation**

Viande poisson ou œufs — **1 fois par jour**

Lait et produit laitiers — **A chaque repas**

Légumes et fruits — **Au moins 5 par jour**

Céréales et dérivés — **A chaque repas**

Boissons — **De l'eau à volonté**

Des mots pour...

Exprimer la nécessité

Il faut + infinitif
Il faut prendre un petit déjeuner.

Exprimer la fréquence

Chaque jour / à chaque repas
Une/Deux… fois par jour / semaine / mois
*Je **ne** mange **jamais de**… ≠ Je mange **toujours du / de la / de l' / des / un(e)***

7 Recopie le tableau. Écoute les conseils de ce diététicien et réponds aux questions.

Combien de fois par jour, il faut manger :

de la viande / du poisson / des œufs ?	des légumes et des fruits ?	des yaourts / du fromage ?	des céréales (pâtes, pain…) ?	des produits sucrés (gâteaux, chocolat, bonbons…) ?
(…)	(…)	(…)	(…)	(…)

8 Et toi, combien de fois par jour ou par semaine consommes-tu ces aliments ?

9 Quels aliments tu manges toujours et quels aliments tu ne manges jamais ?

Je mange toujours du chocolat.

Je ne mange pas de charcuterie.

Je ne mange jamais de la charcuterie.

Leçon 3 — On cuisine ou on va au resto ?

Au supermarché

 1 Écoute ce dialogue et réponds aux questions.

a. Pourquoi font-ils un buffet ?

b. Qu'est-ce qu'ils vont acheter ?

 2 Complète la liste des courses et puis écoute la correction. Écris dans ton cahier.

3 grands (… …) chips

4 (… …) cacahuètes

2 (… …) oeufs

1 (… …) farine

250 (… …) beurre

1 (… …) sucre

1 (… …) confiture

10 (… …) soda

1 (… …) chocolat

Au snack

 5 Écoute ce dialogue et réponds aux questions.

a. Que commandent Arthur et Julie ?

 3 Complète le texte. Écris dans ton cahier.

Jeanne,

Fais les courses, je travaille et je n'ai pas le temps. Achète un (… …) spaghettis, un (… …) sauce tomate, un (… …) biscuits, un (… …) fraises, une (… …) chocolat et n'oublie pas le pain !

Merci

Maman

4 C'est la fête de fin d'année, vous organisez un buffet dans la classe. En petit groupe, faites la liste des courses.

Carte

Crudités 5,50 euros

Soupe de légumes 10 euros

Pizza 6,50 euros

Sandwichs 3,50 euros

Fruits 1,50 euros

Yaourt 1,50 euros

Menu du jour 10 euros

Pizza

Crème au chocolat

Arthur : Bonjour monsieur, je voudrais un sandwich poulet crudités et une limonade.

Julie : Qu'est-ce qu'il y a dans la soupe ?

Le serveur : Des légumes verts…

Julie : Non merci, je ne prends pas de soupe… Je vais prendre le menu. Qu'est-ce qu'il y a dans la pizza ?

Le serveur : C'est une Margarita, sauce tomate et fromage.

Julie : D'accord, je veux cette pizza.

Le serveur : Et comme boisson ?

Julie : Un jus d'orange.

[…]

Arthur : Ce sandwich est excellent et ta pizza ?

Julie : Elle est froide et trop salée.

b. À ton avis, quels ingrédients faut-il pour faire ces plats ?

c. Comment est le sandwich ? Et la pizza ?

 6 Jouez la scène. Vous êtes au restaurant, vous commandez un plat.

Des mots pour…

Qualifier la nourriture	
Trop **Pas assez**	salé(e) / sucré(e) / épicé(e) / chaud / froid / amer **(adjectif)**

C'est excellent / bon / pas mal.
C'est écœurant / mauvais.

Des mots pour…

Nommer des ingrédients

de l'huile

du sel   du poivre

Les sons [y] *u* / [u] *ou* / [wa] *oi*

 7 Écoute et répète.

 8 Écoute et chante.

 9 **Lève le doigt quand tu entends le son [u] *ou*.**

 10 Écoute et chante.

Quel jour sommes-nous
Nous sommes tous les jours
Mon amie
Nous sommes toute la vie
Mon amour

Paroles de Jacques Prévert

Savoir-vivre

Les repas dans deux pays francophones !

 •••❶ **Lis les textes et réponds aux questions.**

a. Comment nomme-t-on les repas en France et au Canada ?

b. Compare les repas en France et au Canada.

Le matin, on prend **un petit déjeuner** avec du thé, du café, du chocolat et des tartines.

À 12 h – 12 h 30, on déjeune. Le menu traditionnel se compose d'une entrée (charcuterie, crudités, etc.), d'un plat (poisson ou viande), de fromage et d'un dessert (gâteaux, glaces, fruits).

Vers 16 heures, les enfants, les adolescents et certains adultes **goûtent**. Ils mangent, par exemple, un yaourt, un fruit, des biscuits.

Entre 20 h et 21 h, **on dîne**. Le repas du soir doit être plus léger que le petit déjeuner et le déjeuner.

Le matin, on prend **un déjeuner** avec du jus d'orange, des œufs au bacon, des saucisses de porc ou du jambon, des haricots au lard.

À 12 h – 13 h, **on dîne**. C'est le repas le plus léger de la journée. Le menu traditionnel se compose d'une salade en entrée et d'un plat (assiette de fromages, steak haché et pommes de terre).

Entre 18 h 30 et 19 h, c'est **le souper**. Ce repas est le plus copieux de la journée. On mange des plats en sauce, puis des desserts (gâteau avec sirop d'érable, fruits, etc.).

 •••❷ **Compare avec un repas traditionnel dans ton pays : horaires, ordre des plats, composition du repas, etc.**

Une invitation

 ···**3** Lis les documents. Quelles règles de bonnes manières connais-tu ?

Tu es invité(e) à déjeuner dans une famille française.

• Tu peux apporter :

des fleurs **du vin** **une boîte de chocolat** **de la pâtisserie**

• Au début du repas, tu peux dire : **Bon appétit !**
• Tu attends qu'on te serve.
• Tu peux reprendre deux fois d'un plat mais pas plus.
• Tu ne mets pas les coudes sur la table.

• Tu te tiens droit sur ta chaise.
• Les compliments sur la qualité de la cuisine sont appréciés.
• À table, on ne parle pas la bouche pleine.

ch'est chuper bon !

 ···**4** **Compare avec la situation dans ton pays.**

♪ Cherche sur Internet la chanson *Je préfère manger à la cantine* de Carlos. Écoute et chante.

Bilan

GRAMMAIRE

Les verbes *manger* et *boire*

 •••❶ Complète ce dialogue avec les verbes *manger* et *boire.* Écris dans ton cahier.

Léa : Au petit déjeuner, je (…) du thé et je (…) une tartine. Le samedi matin, à la maison, nous (…) des croissants.
Hugo : Et le midi, où est-ce que vous (…), toi et Victor ?
Léa : Moi, je déjeune à la cantine du collège et Victor (…) à la maison.
Hugo : Est-ce que vous goûtez ?
Léa : Oui, à 5 heures, nous (…) du coca et nous (…) des biscuits mais pour le dîner, on (…) léger !
Hugo : Et vous (…) de l'eau !

Toujours et *jamais*

 •••❷ Dis le contraire.

a. Je mange toujours des frites.
b. Tu ne manges jamais de fromage.
c. Ils boivent toujours du café.
d. Nous ne buvons jamais de coca.

Les partitifs

 •••❸ Relie puis écris les phrases.

a. Je mange
b. J'aime
c. Je bois

- du
- de la
- de l'
- le/la/l'

- poulet.
- chocolat.
- eau.
- beurre.
- confiture.
- soupe.
- lait.

La négation

 •••❹ Mets ces phrases à la forme négative.

a. Tu manges du poulet.
b. Nous buvons de l'eau.
c. Vous aimez la viande.
d. Nous mangeons du poisson.

VOCABULAIRE

Nommer la nourriture

 •••❺ Quels sont ces aliments ?

PHONÉTIQUE

Les sons [y] *u* / [u] *ou* / [wa] *oi*

 •••❻ Recopie le tableau dans ton cahier. Écoute et coche le son.

	a.	b.	c.	d.	e.	f.
[y]						
[u]						
[wa]						

COMMUNICATION

Faire les courses

 •••**7** Écoute et réponds aux questions.

a. Dans quels magasins vont-ils ?

b. Quels sont les produits demandés ?

 •••**8** Vous préparez ce repas pour un dîner.
Faites la liste des courses pour 10 personnes.

Exprimer la nécessité

 •••**9** Commente ce tableau des aliments
et des vitamines.

Commander un repas et donner son avis sur la nourriture.

 •••**10** Jouez la scène. Au restaurant, deux
personnes commandent au serveur
des plats de ce menu. Vous donnez
ensuite votre avis sur ces plats.

Projet

Faites un livre de recettes. Mettez en commun vos « bonnes » recettes.

La classe fait un livre de cuisine.

Choix de la recette

👥 •••❶ Mettez-vous par groupes de deux. Apportez des recettes que vous aimez et choisissez-en une que vous présenterez à votre manière pour la mettre dans le livre de cuisine de la classe.

Rédaction de la recette

✏️ •••❷ Écrivez votre recette et ajoutez des photos.

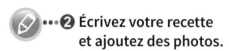

Des mots pour...

Écrire une recette

versez	cassez	mélangez	épluchez	tartinez	étalez

Parler des quantités

une cuillerée de (…)	une pincée de sel

Parler des ustensiles

un moule	une casserole	un saladier	une poêle

Parler de la cuisson

mettez au four	faites cuire	faites bouillir

Création du livre

✏️ •••❸ Rassemblez toutes les recettes de la classe, donnez un titre à votre livre et exposez-le dans le collège.

Unité 5

Quand on aime, on ne compte pas

Qu'est-ce que tu vois sur les photos ?

Projet Faites un sondage pour savoir ce que chacun fait avec son argent de poche.

Leçon 1

- Tu compares et tu commentes les prix.
- Tu comprends des grands nombres.

Leçon 2

- Tu demandes des renseignements.
- Tu donnes et tu demandes un prix.

Leçon 3

- Tu téléphones.
- Tu racontes des faits passés. / Tu parles de tes déplacements.

Leçon 1 — Ça coûte les yeux de la tête

Qu'est-ce qu'on achète ?

 1 Écoute ce dialogue et réponds aux questions.

a. Pourquoi offrent-elles un cadeau à leur mère ?

Marie : On doit trouver un cadeau pour maman. Demain c'est la fête des mères !
Sophie : Une machine à tricoter, c'est une bonne idée !
Marie : Ah oui, pour faire des pulls, des gants, des chaussettes, un bonnet…
Sophie : Arrête l'horreur !
Marie : Oui, t'imagines le truc*, très mauvaise idée !
Sophie : Et puis, c'est super cher !
Marie : Et un vase ?
Sophie : C'est ringard* !
Marie : Et un porte-monnaie ? C'est moins cher que la machine à tricoter !
Sophie : Ouais*… bof* !… pas très original. Et… un sac Basboul !
Marie : Tu es folle, c'est plus cher que la machine à tricoter !
Sophie : Et alors ? Quand on aime, on ne compte pas !

b. Quelles sont leurs idées de cadeaux ?

c. Pourquoi ne les achètent-elles pas ?

un sac à main	**des gants**	**un vase**	**un porte-monnaie**	**un collier**	**un bonnet**

Plus cher ou moins cher ?

 2 Lis les phrases et observe.

Un porte-monnaie ? C'est **moins** cher **que** la machine à tricoter !

Un sac Basboul ! C'est **plus** cher **que** la machine à tricoter !

> **Des mots pour…**
>
> **Comparer**
>
> C'est **moins** (-) cher (**que**)
> C'est **aussi** (=) cher (**que**)
> C'est **plus** (+) cher (**que**)

3 **Joue avec un(e) camarade.**

Quel est le prix exact de ces objets ? Aide ton/ta camarade à deviner.

entre 30 et 50 €	entre 50 et 80 €	entre 300 et 500 €	entre 10 et 20 €

le blouson c'est 30.

Non, c'est plus.

 **4** **Commente les prix des objets ci-dessus.**

 **5** **Compare avec les prix dans ton pays.**

C'est	super cher	€€€€€
	très cher	€€€€
	un peu cher	€€€
	pas cher	€€
	bon marché	€

Ça coûte cher !

 6 **Écoute et chante.**

1 000 *mille*
5 000 *cinq mille*
10 000 *dix mille*
En plein dans le mille !

100 000 *cent mille*
500 000 *cinq cent mille*
1 000 000 *un million* !
Super Jackpot !

 7 **Sur ton cahier, écris les nombres que tu entends.**

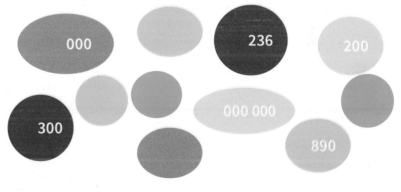
000   236   200
300   000 000   890

8 **Écoute et vérifie.**

Des mots pour...

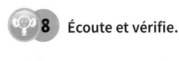

Compter			
100	cent	50 000	cinquante mille
500	cinq cents	100 000	cent mille
1 000	mille	500 000	cinq cent mille
5 000	cinq mille	1 000 000	un million
10 000	dix mille		

Leçon 2 Monsieur, s'il vous plaît...

Achats au grand magasin

 1 Écoute et réponds aux questions.

a. Quel cadeau ont-elles trouvé pour leur mère ?

b. Combien coûte ce cadeau ?

Marie : Bonjour monsieur, s'il vous plaît, nous cherchons le rayon chapeau ?

Le vendeur : Vous prenez l'escalator, c'est au deuxième étage.

Sophie : Mademoiselle, s'il vous plaît, nous voudrions ce chapeau bleu. Est-ce que vous avez la taille au-dessus ?

La vendeuse : Oui, attendez, je vais regarder.

[…]

La vendeuse : Tenez ! voilà !

Sophie : Merci beaucoup, mademoiselle !

La vendeuse : De rien !

[…]

Marie : Il coûte combien ?

Sophie : Il est à 20 euros et il y a une remise de 10 %.

Marie : Alors, c'est 18 euros !

Sophie : C'est bon, on le prend !

[…]

À la caisse

La caissière : Vous payez en espèces ?

Sophie : Oui, on n'a pas de carte bleue !

 2 Dans ton cahier, relève les questions du dialogue.

 3 Complète les dialogues des quatre vignettes avec les expressions suivantes :

S'il vous plaît, je voudrais ces chaussures.
Ça coûte combien ?
Ce blouson coûte combien ?
De rien !
S'il vous plaît, je cherche le rayon chapeau.

b.

[...]

Quelle est votre pointure ?

Je fais du 42.

a. *Il coûte 39 euros.*

[...]

C'est à côté des écharpes et des gants au 1er étage.

Merci beaucoup !

[...]

d.

C'est 55 euros.

 **c.** [...]

Un cadeau pour Léa !

 4 Écoute ce dialogue et réponds aux questions.

a. À quoi servent ces objets ?

b. Quel est le prix de chaque objet ?

c. Qu'est-ce que Marie et Jules achètent ?

un radio réveil

un lapin robot

un porte-clés avec une lampe de poche

 5 Jouez les scènes suivantes.

Vous êtes dans un grand magasin, vous achetez :

- un pull
- des chaussures, etc.

> **Des mots pour...**
>
> **Expliquer le fonctionnement**
>
> Comment ça marche ?
> Comment marche ce… ?
> Ça sert à quoi ?
>
> Ça sert à…
> C'est utile pour…

> **Des mots pour...**
>
> **Demander poliment**
>
> S'il vous plaît, je voudrais / nous voudrions…
>
> **Pour remercier**
>
> Merci (beaucoup) !
> De rien !

Les sons [v] et [f]

 6 Écoute et répète.

a. il faut   **c.** en face
b. il vaut   **d.** un vase

 7 Mets ta main devant ta bouche et répète les sons [v] et [f]. Qu'est-ce que tu observes ?

 8 Écoute et dis dans quel ordre tu entends les mots.

fais ❷	**v**ais ❶
folle	**v**ole
fête	**v**este
feu	**v**eut
fous	**v**ous

 9 Écoute et chante.

Vive le vent

Vive le vent
Vive le vent
Vive le vent d'hiver
Qui s'en va sifflant soufflant
Dans les grands sapins verts

Leçon 3 — Qu'est-ce que tu fais ?

Ça s'est passé hier !

 1 Écoute le dialogue et réponds aux questions.

a. Quelle sortie Léa propose-t-elle à Marie ?

b. Pourquoi Marie refuse-t-elle ?

c. Que s'est-il passé avec Jules ?

La mère : Allô, oui ?

Léa : Bonjour, c'est Léa.

La mère : Oui, je te connais, tu es venue à la maison samedi dernier.

Léa : Oui, je suis passée avec Océane.

La mère : Tu veux parler à Marie ?

Léa : Oui, merci !

[...]

Léa : Allô Marie, c'est Léa !

Marie : Ah bonjour !

Léa : Tu vas bien ?

Marie : Oui, ça va ?

Léa : Tu veux venir faire les magasins cet après-midi ?

Marie : Non merci, je suis allée faire des courses hier avec Jules !

Léa : Vous êtes allés où ?

Marie : Aux Galeries Farfouilles.

Léa : Jules est venu avec toi ?

Marie : Oui, étonnant non ?… mais il s'est arrêté au rayon des jeux vidéo, il est resté deux heures et je suis rentrée à la maison toute seule !

Léa : Sympa les courses avec Jules !

 2 Dans ton cahier, relève les verbes du dialogue.

 3 Comment forme-t-on le passé composé pour ces verbes ?

 4 Comment s'accorde le participe passé avec l'auxiliaire *être* ?

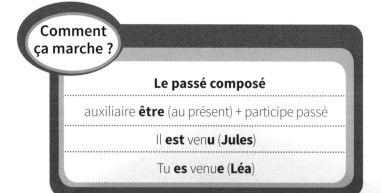

Comment ça marche ?

Le passé composé

auxiliaire **être** (au présent) + participe passé

Il **est** ven**u** (**Jules**)

Tu **es** venu**e** (**Léa**)

 p. 82

5 Relie.

a. venir
b. passer
c. aller
d. partir
e. sortir

1. parti
2. venu
3. sorti
4. allé
5. passé

Comment ça marche ?

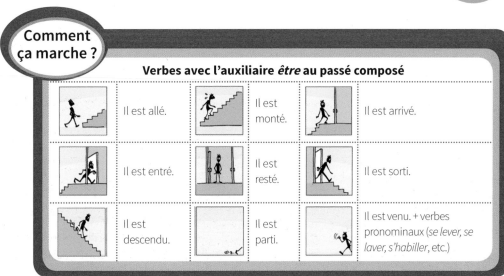

Verbes avec l'auxiliaire *être* au passé composé

	Il est allé.		Il est monté.		Il est arrivé.
	Il est entré.		Il est resté.		Il est sorti.
	Il est descendu.		Il est parti.		Il est venu. + verbes pronominaux (*se lever, se laver, s'habiller*, etc.)

p. 82

6 Qu'est-ce que Marie a fait mercredi dernier ?

7 Dans ton cahier, conjugue les verbes entre parenthèses au passé composé. Attention à l'accord du participe passé.

Léa : Mes cousins (venir) samedi. Nous (visiter) la tour Eiffel. Ils (partir) samedi soir.
Marie : Lucie (arriver) vers 14 h, nous (rester) à la maison.
Jules : Je (sortir) avec mes copains. Mon petit frère (venir) avec nous. Nous (aller) au cinéma.

8 Et toi ? Raconte ce que tu as fait ce matin.

Les jeunes Français et l'argent

 ···❶ Lis ce texte et réponds aux questions.

> L'argent ne tombe pas du ciel ! Pour 96 % des 15-20 ans, le travail est important pour gagner de l'argent. L'argent vient des parents mais 55 % font des économies sur leur argent de poche.
>
> Pour toutes les questions sur l'argent, 81 % écoutent les conseils de leurs parents mais ils n'ont pas confiance dans les banques.
>
> 9 jeunes sur 10 ont des économies à la banque mais ne savent pas quoi faire avec ces économies.

a. Compare avec la situation dans ton pays.

b. Et toi, fais-tu des économies ? Pourquoi ?

 ···❷ Lis les textes et réponds aux questions.

a. Qu'est-ce qu'on peut faire en France sans argent ?

b. Quelles sont les conditions nécessaires pour travailler en France ?

on n'a pas d'argent, on peut se débrouiller !
adolescents français proposent leurs bons plans !

LE VIDE-GRENIER
DE L'ISEG NANTES

L'occasion idéale pour tous les iségiens de vendre vos objets, vêtements et autres articles...

RÉCOLTE DES AFFAIRES :
Mercredi 24 mars de 9h à 18h
Espace détente

VENTE DES AFFAIRES :
du Jeudi 25 mars au Vendredi 26
de 9h à 18h
Espace détente

ISEG

• **La coiffure et les soins de beauté**

On peut se faire coiffer gratuitement et se faire couper les cheveux dans des écoles de coiffure.

On peut avoir des échantillons de crèmes dans les pharmacies ou les parfumeries ! Demande poliment !

• Le troc

Tu peux organiser chez toi des après-midi pour échanger tes affaires avec tes ami(e)s.

• Les vide-greniers

En France, entre le mois de mars et le mois d'octobre, il existe des vide-greniers. Les habitants de la ville peuvent organiser un marché et vendre leurs affaires.

• La culture

Les musées nationaux en France sont gratuits tous les jours pour les moins de 18 ans.

• Les guides des activités gratuites

Il existe des guides pour visiter Paris, aller voir des concerts, des musées ou faire d'autres activités sans payer.

• Les petits boulots

En France, tu peux travailler à partir de 14 ans, mais seulement pendant les vacances et pas plus de la moitié des vacances. L'inspecteur du travail doit donner son autorisation.

Tu peux bien sûr recevoir de l'argent pour des services rendus comme le baby sitting, promener un chien, faire des courses pour un voisin.

• Les vacances

Pendant les vacances, tu peux accompagner une famille pour garder les enfants ou devenir moniteur de colonie de vacances. En France, c'est possible à partir de 17 ans. Il faut avoir un diplôme : le brevet d'aptitude aux fonctions d'animateur (BAFA)

♪ Cherche sur Internet la chanson *Argent trop cher* de Téléphone. Écoute et chante.

GRAMMAIRE

Le passé composé

 ❶ Dans ton cahier, classe les verbes dans le tableau.

laver - sortir - partir - faire - aller - décorer - s'habiller - se lever - entrer - ranger - arriver - venir - sortir

Passé composé	Auxiliaire **avoir** : (...)
	Auxiliaire **être** : (...)

 ❷ Écris ces phrases au passé composé.

a. Je vais faire les magasins avec Léa. Elle sort du collège à 16 heures, nous allons aux Galeries Farfouilles.

b. Je me lève à 7 heures, je me lave et m'habille entre 7 heures et 7 h 30. J'arrive devant le collège à 7 h 45.

c. Vous sortez du collège à 18 heures et vous arrivez chez vous à 19 heures. Jules rentre à 18 h 30.

d. Tu pars en vacances en été.

VOCABULAIRE

Les nombres

 ❸ Écoute et écris les nombres dans ton cahier.

 ❹ Lis les nombres.

111 - 1 111 - 11 111 - 111 111 - 1 111 111

 ❺ À toi ! Écris des nombres avec 2, 3, 4, 5 et lis-les.

Acheter

 ❻ Remets le dialogue dans l'ordre. Écris dans ton cahier.

a. - C'est au 2e étage, à côté des chapeaux.

b. - Quelle est votre taille ?

c. - Bonjour madame, je voudrais ce tee-shirt.

d. - Où est le rayon des vêtements pour homme, s'il vous plaît ?

e. - De rien !

f. - Je fais du 36, il coûte combien ?

g. - Merci !

h. - 15 euros.

PHONÉTIQUE

Les sons [f] et [v]

 ❼ Recopie le tableau dans ton cahier. Écoute et coche le son.

	1.	2.	3.	4.	5.	6.	7.	8.
[f]								
[v]								

 ❽ Écoute et répète la phrase.

COMMUNICATION

Commenter les prix

 ⑨ Devine le prix de ces objets.

a.

Airbus A 380

b.

un yacht

c.

une maison

Réponses
Airbus A 380 : 213 millions
d'euros
Yacht : 353 000 euros
Maison : 350 000 euros

 ⑩ Commente et compare ces prix.

Expliquer le fonctionnement d'un objet

 ⑪ Écoute et réponds aux questions.

a. Quels sont ces objets ?

b. Comment fonctionnent-ils ?

⑫ Jouez la scène. Tu demandes des renseignements sur le fonctionnement cet objet. Ton/Ta camarade te répond.

Demander des renseignements

 ⑬ Imagine les dialogues pour les situations suivantes.

a. Tu cherches le rayon vêtements de sport.

b. Tu voudrais acheter cet article :

c. Tu demandes à quoi sert cet objet :

Raconter une journée

 ⑭ Raconte l'après-midi de Jules au passé.

Faites un sondage pour savoir ce que chacun fait avec son argent de poche.

Seul(e), tu réponds à des questions sur l'argent de poche, puis vous regroupez les résultats.

Questionnaire

 ••• ❶ Réponds à ce questionnaire individuellement.

a. Tes parents te donnent-ils de l'argent de poche ?
- Toujours.
- Parfois.
- Rarement.
- Jamais.

b. Quand te donnent-ils de l'argent ?
- Une fois par semaine.
- Une fois tous les 15 jours.
- Une fois par mois.
- Une fois par trimestre.
- Quand tu en as besoin.

c. Combien te donnent-ils ?

d. Avec ton argent de poche, qu'est-ce que tu achètes ?
- Des vêtements.
- Des chaussures.
- Des magazines.
- Des CD.
- Des DVD.
- Des livres.
- Des jeux vidéo.
- Des places de cinéma.
- Des places de concert.
- Autres : (…)

e. Fais-tu des économies ?

f. Fais-tu des petits boulots pour avoir de l'argent de poche ?

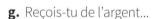

g. Reçois-tu de l'argent…
- à Noël ?
- pour ton anniversaire ?
- quand tu as de bonnes notes ?
- Autres : (…)

h. As-tu des idées pour gagner de l'argent ?

Mise en commun des résultats

 ••• ❷ Mets en commun les réponses au questionnaire.

 ••• ❸ Commentez les résultats.

Unité 6

Enquête sur la police scientifique

Qu'est-ce que tu vois sur les photos ?

 Inventez puis écrivez une petite histoire policière.

Leçon 1

- Tu donnes des indications.
- Tu racontes un fait divers.

Leçon 2

- Tu poses des questions.
- Tu exprimes la négation.

Leçon 3

- Tu expliques une procédure.
- Tu exprimes la quantité.

Leçon 1 · L'enquête

Que s'est-il passé ?

1 Écoute cette interview, lis les articles de presse et réponds aux questions.

Hier, on a trouvé un homme d'une trentaine

d'années dans la forêt de Fontainebleau.

Il n'y pas de témoins et on n'a pas identifié le corps !

Quand la police est arrivée sur les lieux,

elle a relevé des empreintes et des indices [...]

Hugo : Qu'est-ce que vous avez trouvé ?

L'inpecteur de police : Quand nous sommes arrivés, nous avons vu des empreintes de chaussures. L'analyse de ces traces donne des indications précieuses : le poids, la taille et les déplacements du suspect et de la victime. Nous savons qu'ils ne sont pas venus en voiture. Ils sont arrivés à pied. Ils sont montés sur ce rocher, ils se sont bagarrés et le suspect est reparti par ce chemin.

Hugo : Vous avez trouvé d'autres indices ?

L'inspecteur de police : Nous avons trouvé des cheveux sur la veste de la victime. Il suffit d'un cheveu pour relever l'ADN.

Le coupable s'est présenté hier au commissariat. C'est un ami de la victime. Ils se sont disputés, puis ils se sont bagarrés et la victime est tombée. Sa tête a heurté un rocher. C'est un accident !

a. Quels sont les indices ?

b. À partir de ces indices, qu'est-ce qu'on sait ?

2 Dans ton cahier, écris ces verbes des textes de l'activité 1 et complète le tableau.

Infinitif	Auxiliaire être / avoir	Participe passé
trouver	On a	trouvé...
(...)	On n'a pas	identifié...
arriver	La police est	(...)
relever	(...)	relevé...
arriver	Nous sommes	(...)
(...)	Nous avons	vu...
venir	(...)	venus...
monter	Ils sont	(...)
(...)	Ils se sont	bagarrés...
repartir	Le suspect est	(...)
(...)	Nous avons	trouvé...
présenter (se)	Le coupable s'est	(...)
disputer (se)	(...)	disputés...
bagarrer (se)	Ils se sont	(...)
tomber	La victime est	(...)
(...)	Sa tête a	heurté...

Le passé composé

Auxiliaire **être** ou **avoir** + participe passé

On **a** trouvé

Nous sommes arrivé**s**

3 Quels verbes se conjuguent avec l'auxiliaire *être* et l'auxiliaire *avoir* ?

Les bonnes résolutions

4 Raconte une petite histoire. Tes camarades devinent si c'est vrai ou faux.

Ce week-end, je suis allé(e) à Bruxelles.

C'est vrai !

C'est faux !

5 Remets les phrases dans l'ordre.

a. avons / Nous / pas / indices. / n' / d' / trouvé

b. pas / sorties. / ne / elles / Hier / sont

c. ne / Il / bagarré. / s'est / pas

d. ai / vu / n' / l'inspecteur. / Je / pas

6 Tes camarades te pose des questions sur ce que tu as fait ce week-end.

Tu es allé(e) au cinéma ?

Non, je ne suis pas allé(e) au cinéma.

Comment ça marche ?

La négation avec le passé composé

Ils **ne** sont **pas** venus.

On **n'**a **pas** identifié la victime.

p. 83

Leçon 2 — Un métier pas comme les autres !

Comme à la télé ?

 1 **Écoute l'interview de ce policier et réponds aux questions.**

a. Quelles différences y a-t-il entre les experts et les techniciens ?

b. Quelles différences y a-t-il entre la police scientifique et la police des séries ?

• • •

Hugo est stagiaire dans la police scientifique. Il interroge l'inspecteur François Chapon.

Hugo : Est-ce que la police scientifique ressemble aux séries de la télé ?

François Chapon : Ces séries essayent d'imiter les techniques de la police scientifique mais la réalité est différente ! Tout demande plus de temps. Par exemple, il faut au moins six heures pour faire une analyse génétique et on ne peut pas avoir un portrait du coupable en cinq secondes !

Hugo : Qui sont les vrais experts ?

François Chapon : À la télé, les policiers font tout : ils relèvent les indices et font les analyses. Dans la réalité, les experts ne font rien sur le terrain, ils ne sont jamais sur la scène du crime. Ils sont dans les laboratoires. En fait, sur la scène du crime, il y a des techniciens.

Hugo : Est-ce que les séries font connaître votre travail ?

François Chapon : Je n'entends plus « C'est quoi la police scientifique ? ». Maintenant, tout le monde croit connaître notre métier ! Les séries ce n'est pas la vraie vie. Bon… et puis… avec les séries, les jeunes veulent faire notre métier. Attention ! Il n'y a pas de place pour tout le monde !

 2 **Quelles séries policières regardes-tu ? Pourquoi ?**

 3 **À ton avis, que signifie la phrase :** *Je n'entends plus :* « *C'est quoi la police scientifique ?* » ?

- Ce n'est pas possible d'entendre : « C'est quoi la police scientifique ? ».
- J'ai fini d'entendre : « C'est quoi la police scientifique ? ».

Comment ça marche ?

Je **n'**entends **plus**.
ne = *n'* devant une voyelle
ou un *h* muet

➥ p. 84

Les bonnes résolutions

 4 Et toi, qu'est-ce que tu ne fais plus ?

Je **ne** parle **plus.**

Je **ne** sors **plus.**

 5 Cherche d'autres négations dans l'interview et utilise-les dans une phrase.

6 Remets les phrases dans l'ordre.

a. plus / fume / ne / il

b. analysent / jamais / inspecteurs / n' / indices / les / les

c. inspecteurs / rien / les / trouvent / ne

⬤ Les occlusives : [p], [t], [d], [b], [k], [g]

 7 Écoute et répète.

a. policier **c.** débris **e.** cavalier

b. bus **d.** trace **f.** gare

tes amis ❶	des amis ❷
dans	temps
bon	pont
poire	boire
panneau	bateau
puce	bus
tout	doux
détail	bétail
bassin	dessin
car	gare
coup	goût
cadeau	gâteau

 8 Écoute et dis dans quel ordre tu entends les mots.

9 Écoute et chante.

– Où ? Quand ? Comment ? Qui ?

– Tu poses trop de questions !

– Pourquoi ?

Sur les traces...

La scène du crime

 1 Écoute, lis l'interview et réponds aux questions.

a. Que fait la police scientifique sur la scène du crime ?

b. Relie les légendes aux photos.

1. « La scène du crime » est entourée par un cordon.
2. Examen du mort.
3. Photos précises de la scène du crime.
4. Relever des traces visibles et poser un cavalier.
5. Relever des traces invisibles (empreintes).

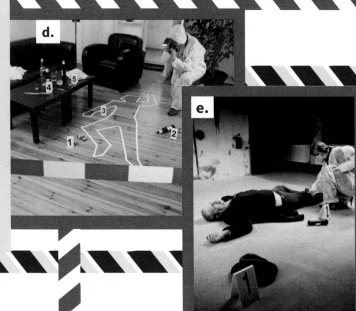

Hugo : S'il vous plaît, qu'est-ce qui se passe ?

François Chapon : On vient de trouver un mort.

Hugo : Que font vos collègues ?

François Chapon : Un médecin examine le mort.

Hugo : Et cette femme ?

François Chapon : Elle dessine la scène du crime.

Hugo : Mais pourquoi ?… Il y a un photographe…

François Chapon : Nous préférons avoir des dessins et des photos, c'est plus sûr, tous les détails sont importants !

Hugo : Vous pensez avoir assez d'indices pour trouver le coupable ?

François Chapon : Pour l'instant, on ne sait pas. Il y a beaucoup d'empreintes de chaussures et de doigts mais il faut attendre les résultats du laboratoire.

2 **Complète le texte avec** *un peu / assez / beaucoup de*. **Écris dans ton cahier.**

L'enquête va être facile parce qu'il y a (…) indices, on doit poser (…) cavaliers. On a aussi trouvé (…) sang sur la veste de la victime mais il suffit d'une goutte pour relever l'ADN.

La rubrique faits divers

 3 **Écoute et associe chaque dialogue à une photo.**

> ### Comment ça marche ?
>
> **Pour exprimer la quantité**
>
> - Un peu **de**
> + Assez **de**   + nom
> ++ Beaucoup **de**
> +++ Trop **de**
> *un peu / assez / beaucoup / trop* **d'**indices

p. 83

a.

b.

c.

 4 **En petits groupes, choisissez une photo et rédigez un article de presse pour raconter l'événement.**

Hier, un homme…

> ### Des mots pour…
>
> **Parler d'un délit**
>
> un vol / un voleur / voler
>
> un cambriolage / un cambrioleur / cambrioler
>
> une agression / un agresseur / agresser
>
> une bagarre / se bagarrer
>
> un meurtre / un(e)meurtrier(ière) / tuer
>
> Avoir lieu
>
> *Un vol a eu lieu…*

L'inventeur de la police scientifique

 •••❶ Lis ce texte. Que fait Alphonse Bertillon ?

Alphonse Bertillon

En 1870, Alphonse Bertillon, policier français, propose d'utiliser des nouvelles techniques pour enquêter. Il prend des photographies des scènes de crime, il mesure tout, il analyse tous les indices.

Il crée aussi une banque de données sur les criminels (mensurations, détails physiques).

Les méthodes d'Alphonse Bertillon vont être utilisées ensuite en Europe et en Amérique.

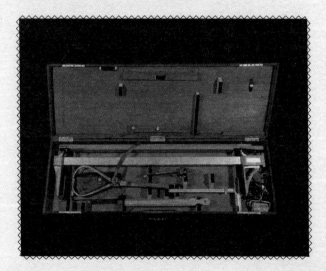

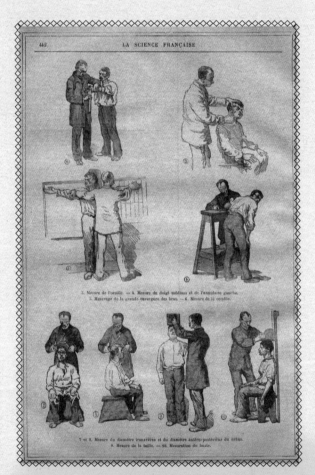

Comment travailler dans la police scientifique en France ?

 **2** Lis ce texte.

La formation

Les jeunes Français sont de plus en plus nombreux à vouloir travailler dans la police scientifique parce qu'ils regardent et qu'ils adorent les séries américaines comme *Les Experts, NCIS…*

En France, il n'existe pas d'université spécifique ou d'école pour étudier les métiers de la police scientifique. On entre dans le métier avec un bac + 2 (biologie, informatique, technologie…) et on passe un concours. Ensuite, on devient stagiaire pour se former.

3 Compare avec la situation dans ton pays.

Les différents métiers dans la police scientifique

Analyser et examiner

Dans les laboratoires de la police scientifique, on fait des analyses de sang, de cheveux, d'empreintes génétiques... On analyse tous les indices importants pour l'enquête (explosifs, débris divers, stupéfiants, armes, faux documents…).

Utiliser la technologie

Dans le service de l'informatique et des traces technologiques, on fait des examens techniques dans les domaines : du son, de l'image, de la téléphonie mobile, de l'électronique et de l'informatique.

Signaler et identifier

Dans le service d'identité judiciaire, on identifie des personnes, on fait des photos, on recherche des traces et des indices sur les lieux d'infraction, on met à jour des fichiers d'empreintes digitales…

4 Quelles branches tu préfères ? Pourquoi ?

♪ Cherche sur Internet la chanson *Monsieur* de Thomas Fersen. Écoute et chante.

Bilan

GRAMMAIRE

Le passé composé

 ❶ Dans ton cahier, écris les participes passés des verbes suivants :

voir - faire - manger - vouloir - pouvoir - être - avoir - essayer - travailler

 ❷ Réécris les phrases avec le sujet proposé.

a. Il est venu. ➜ Elle (…)

b. François est arrivé sur la scène du crime. ➜ Françoise (…)

c. Les policiers ont analysé les cheveux. ➜ Les policières (…)

d. Louis et Hugo ont mangé à la cantine. ➜ Louise et Marie (…)

e. Louis et Hugo sont partis. ➜ Louise et Marie (…)

La négation

 ❸ Remets les phrases dans l'ordre.

a. n' / police / pas / a / la / le / trouvé / suspect

b. suspect / n' / elle / pas / de / a

c. au / vous / cours / plus / n' / allez

d. font / experts / rien / scène / ne / sur / les / la / crime / du

e. du / sur / la / les / jamais / experts / ils / sont / ne / scène / crime

 ❹ Complète avec *ne … pas* ou *ne… plus.*

a. Il (…) est (…) sur la scène du crime, il est parti.

b. Les experts (…) travaillent (…) sur le terrain.

c. C'est fini, nous (…) regardons (…) les séries.

 ❺ Mets ces phrases à la forme négative.

a. Il a trouvé des empreintes.

b. Elle est devenue policière.

c. Ils se sont bagarrés.

VOCABULAIRE

Les délits

 ❻ Trouve le verbe.

a. une agression

b. une bagarre

c. une dispute

d. un cambriolage

e. un vol

L'enquête

 ❼ Nomme ces indices. Écris dans ton cahier.

a.   **b.**   **c.**

PHONÉTIQUE

Les occlusives

 ❽ Recopie le tableau dans ton cahier et écris le mot dans la bonne colonne.

	1.	2.	3.	4.	5.	6.	7.	8.	9.	10.
[p]										
[t]										
[d]										
[b]										
[k]										
[g]										

COMMUNICATION

Poser des questions

 ...❾ Relie les questions et les réponses.

a. Qui est ce policier ?

b. Est-ce qu'il est venu ?

c. Qu'est-ce qui se passe ?

d. Qu'est-ce qu'elle fait ?

e. C'est quoi ?

f. Vous avez trouvé d'autres indices ?

g. Pourquoi ?

1. Il ne se passe rien.

2. Oui, il est arrivé à 20 heures.

3. Parce qu'elle cherche des indices.

4. C'est François Chapon, il est inspecteur.

5. Oui, nous avons trouvé des empreintes.

6. Elle relève les empreintes.

7. C'est un cavalier.

Comprendre un fait divers

 ...❿ Recopie le tableau dans ton cahier. Écoute et complète.

	Situation 1	Situation 2	Situation 3
Date			
Lieux			
Délits			
Victimes			
Indices			

Raconter un fait divers

 ...⓫ Rédige un court article sur ces 3 situations.

 ...⓬ Raconte l'histoire au passé.

Inventez puis écrivez une petite histoire policière.

En petits groupes, vous inventez une histoire policière et vous l'interprétez devant vos camarades.

Création du scénario

 ●●●❶ Formez des groupes de cinq. Chaque groupe :

a. choisit les personnages.
- un inspecteur de police
- un détective privé
- la victime
- l'auteur du méfait
- les suspects
- les témoins

b. invente le méfait.
- un meurtre
- un cambriolage
- un vol
- une agression

Si c'est un meurtre, le groupe pense à l'arme du crime :

c. imagine les indices.
- des empreintes
- des débris
- des traces de pas

un poignard

un pistolet

Rédaction de l'histoire

 ●●●❷ Chaque groupe écrit son histoire sous forme de dialogue.

Un témoin découvre le méfait, appelle la police.

À vous !

Représentation de l'histoire

 ●●●❸ Chaque groupe interprète son histoire devant les autres groupes.

N'oubliez pas les décors et les costumes !

Des mots pour...

Raconter une histoire policière

- tirer au pistolet – recevoir une balle – poignarder – étrangler – empoisonner – voler – cambrioler (une banque, une maison) – agresser
- relever les empreintes / les indices
- trouver des preuves
- témoigner

Grammaire

Les articles contractés

Les prépositions **à** et **de** se contractent avec les articles **le** et **les**.

Avec la préposition « à »		Avec la préposition « de »	
à + le = **au**	Je joue **au** football.	de + le = **du**	Je fais **du** judo.
à + la = **à la**	Je joue **à la** balle.	de + la = **de la**	Je fais **de la** natation.
à + l' = **à l'**	Je saute **à l'**élastique.	de + l' = **de l'**	Je fais **de l'**athlétisme.
à + les = **aux**	Je joue **aux** échecs.	de + les = **des**	Je fais **des** travaux manuels.

Aller à, venir de

Aller à	Je vais **à la** piscine.	Je vais **à** Paris.
	à l'atelier théâtre.	**chez** Lucie.
	au cours de français.	
	aux cours de français et d'anglais.	
Venir de	Je viens **de la** piscine.	Je viens **de** Paris.
	de l'atelier théâtre.	**de chez** Lucie.
	du cours de français.	
	des cours de français et de théâtre.	

L'accord des adjectifs

masculin -e = féminin	masculin (voyelle) = féminin + -e	masculin -if = féminin -ive	masculin -eux = féminin -euse
excentrique	Joli → Joli**e** Décontract**é** → décontract**ée**	sport**if** → sport**ive** créat**if** → créat**ive**	ennuy**eux** → ennuy**euse**

Les adjectifs démonstratifs

Les adjectifs démonstratifs servent à désigner des objets ou des personnes.

	Singulier	Pluriel
Masculin	**ce** pantalon / **cet*** anorak	**ces**
Féminin	**cette** jupe	bottes

* On utilise **cet** devant un nom masculin qui commence par une voyelle ou un h muet.

Maman, regarde **cette** chanteuse. Je veux c**ette** robe !

Grammaire

Les possessifs

Pour utiliser les adjectifs possessifs, il faut savoir qui est le possesseur.

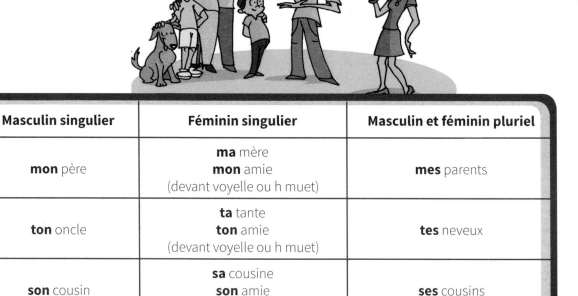

Voici **mon** oncle, **ma** tante, **mes** cousins et **leur** chien.

Possesseurs	Masculin singulier	Féminin singulier	Masculin et féminin pluriel
je	**mon** père	**ma** mère **mon** amie (devant voyelle ou h muet)	**mes** parents
tu	**ton** oncle	**ta** tante **ton** amie (devant voyelle ou h muet)	**tes** neveux
il / elle	**son** cousin	**sa** cousine **son** amie (devant voyelle ou h muet)	**ses** cousins
nous	**notre** grand-père	**notre** grand-mère	**nos** grands-parents
vous	**votre** fils	**votre** fille	**vos** enfants
ils / elles	**leur** petit-fils	**leur** petite-fille	**leurs** petits-enfants

Le passé composé

❶ Le passé composé avec l'auxiliaire *avoir*.

Avoir au présent de l'indicatif + **participe passé**.

J'**ai**	décor**é**	
Tu **as**	décor**é**	
Il / Elle / On **a**	décor**é**	la maison.
Nous **avons**	décor**é**	
Vous **avez**	décor**é**	
Ils / Elles **ont**	décor**é**	

❷ Le passé composé avec l'auxiliaire *être*.

Être au présent de l'indicatif + **participe passé**.

- On utilise l'auxiliaire ***être*** pour former le passé composé avec les verbes suivants : *aller, monter, arriver, entrer, rester, sortir, descendre, partir, venir* et tous les verbes pronominaux : *se lever, se laver, s'habiller*, etc.
- Avec l'auxiliaire ***être***, le participe passé s'accorde en genre et en nombre avec le sujet du verbe.

Je **suis**	allé / allé**e**	
Tu **es**	allé / allé**e**	
Il / Elle / On **est**	allé / allé**e**	au cinéma.
Nous **sommes**	allé**s** / allé**es**	
Vous **êtes**	allé**s** / allé**es**	
Ils / Elles **sont**	allé**s** / allé**es**	

③ Le participe passé.

- Pour les verbes en **-er** → **é**
  all**é**, mont**é**, arriv**é**, mang**é**…

- Autres participes passés :
  venir → **venu** / sorti → **sorti**
  faire → **fait** / mettre → **mis** / prendre → **pris**

Les partitifs

- On emploie les articles partitifs **du**, **de la**, **de l'**
  pour exprimer une quantité indéterminée.

Masculin	Féminin
du chocolat	**de la** glace

de l'eau (*de l'* devant une voyelle ou un h muet).

La quantité

Peu Assez Très trop	**+ adjectif**	*Peu / assez / très / trop salé.*

Peu de Assez de Beaucoup de Trop de	**+ nom**	*Peu de / assez de / beaucoup de / trop de se*

④ Passé composé et négation.

sujet	ne	auxiliaire	pas	participe passé
Ils	ne	sont	pas	venus.

- À la forme négative, on remplace le partitif (*de la, de l', du*) et
  l'article **des** par **de**.

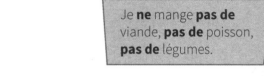

Je **ne** mange **pas de** viande, **pas de** poisson, **pas de** légumes.

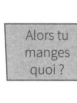

Alors tu manges quoi ?

Des gâteaux, du chocolat, de la glace.

La négation

Je **n'**aime **pas** faire le ménage.

Je **ne** mange **plus** de chocolat.

Je **ne** fais **rien**.

Je **ne** bois **jamais** de café.

Exprimer la nécessité

Il faut + infinitif

Il faut faire ses devoirs.

L'interrogation

1 **Avec inversion du sujet.**

- L'interrogation avec inversion du sujet (sujet après le verbe) s'utilise surtout à l'écrit ou dans un registre de langue soutenu.

  Ranges-tu ta chambre ?

Réponse positive à une question négative

Tu ne viens pas à la piscine ?

Si, je viens.

- Entre deux voyelles on met -**t**-.

  Il aime écouter de la musique ?
  → Aim**e-t-il** écouter de la musique ?
  Il y a un bureau dans ta chambre ?
  → Y **a-t-il** un bureau dans ta chambre ?